チャート式®
シリーズ

準拠ドリル

数研出版
https://www.chart.co.jp

本書の特長と構成

本書は「チャート式シリーズ 中学歴史」の準拠問題集です。
本書のみでも学習可能ですが，参考書とあわせて使用することで，さらに力がのばせます。

特長

1. チェック→トライ→チャレンジの３ステップで，段階的に学習できます。

2. 巻末のテストで，学年の総まとめと入試対策の基礎固めができます。

3. 参考書の対応ページを掲載。わからないときやもっと詳しく知りたいときにすぐに参照できます。

構成

１項目あたり見開き２ページです。

チェック
基本問題です。ここで単元の要点を確認しましょう。

ポイント
色のついた部分は特に大事なので，おさえておきましょう。

チャート式シリーズ参考書の項目番号です。

トライ
練習問題です。いろいろな形式の問題に慣れましょう。

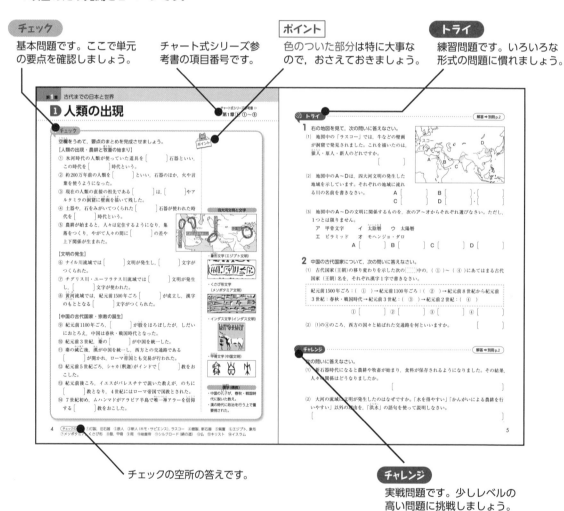

チェックの空所の答えです。

チャレンジ
実戦問題です。少しレベルの高い問題に挑戦しましょう。

確認問題 数項目ごとに学習内容が定着しているか確認する問題です。

入試対策テスト 学習の総まとめと入試対策の基礎固めを行うテストです。

もくじ

一緒に
がんばろう！

数研出版公式キャラクター
数犬 チャ太郎

1 人類の出現

チャート式シリーズ参考書 >>
第1章 1 ①〜⑤

チェック

空欄をうめて，要点のまとめを完成させましょう。

【人類の出現・農耕と牧畜の始まり】

① 氷河時代の人類が使っていた道具を［　　　　］石器といい，この時代を［　　　　］時代という。

② 約200万年前の人類を［　　　　］といい，石器のほか，火や言葉を使うようになった。

③ 現在の人類の直接の祖先である［　　　　］は，［　　　　］やアルタミラの洞窟に壁画を描いて残した。

④ 土器や，石をみがいてつくられた［　　　　］石器が使われた時代を［　　　　］時代という。

⑤ 農耕が始まると，人々は定住するようになり，集落をつくり，やがて人々の間に［　　　　］の差や上下関係が生まれた。

【文明の発生】

⑥ ナイル川流域では［　　　　］文明が発生し，［　　　　］文字がつくられた。

⑦ チグリス川・ユーフラテス川流域では［　　　　］文明が発生し，［　　　　］文字が使われた。

⑧ 黄河流域では，紀元前1500年ごろ［　　　　］が成立し，漢字のもととなる［　　　　］文字がつくられた。

【中国の古代国家・宗教の誕生】

⑨ 紀元前1100年ごろ，［　　　　］が殷をほろぼしたが，しだいにおとろえ，中国は春秋・戦国時代となった。

⑩ 紀元前3世紀，秦の［　　　　］が中国を統一した。

⑪ 秦の滅亡後，漢が中国を統一し，西方との交通路である［　　　　］が開かれ，ローマ帝国とも交易が行われた。

⑫ 紀元前5世紀ごろ，シャカ（釈迦）がインドで［　　　　］教をおこした。

⑬ 紀元前後ころ，イエスがパレスチナで説いた教えが，のちに［　　　　］教となり，4世紀にはローマ帝国で国教とされた。

⑭ 7世紀初め，ムハンマドがアラビア半島で唯一神アラーを信仰する［　　　　］教をおこした。

四大河川文明と文字

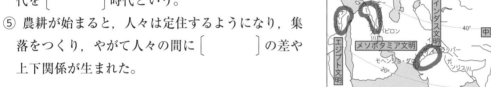

・象形文字（エジプト文明）

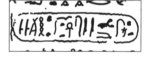

・くさび形文字（メソポタミア文明）

・インダス文字（インダス文明）

・甲骨文字（中国文明）

儒学（儒教）

・中国の孔子が，春秋・戦国時代に説いた教え。

・漢の時代に政治を行う上で重要視された。

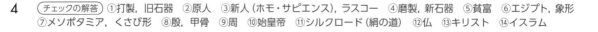

チェックの解答 ①打製，旧石器 ②原人 ③新人（ホモ・サピエンス），ラスコー ④磨製，新石器 ⑤貧富 ⑥エジプト，象形 ⑦メソポタミア，くさび形 ⑧殷，甲骨 ⑨周 ⑩始皇帝 ⑪シルクロード（絹の道） ⑫仏 ⑬キリスト ⑭イスラム

トライ

解答➡別冊p.2

1 右の地図を見て，次の問いに答えなさい。

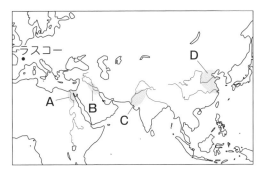

(1) 地図中の「ラスコー」では，牛などの壁画が洞窟で発見されました。これを描いたのは，猿人・原人・新人のどれですか。

[　　　　　　]

(2) 地図中のA～Dは，四大河文明の発生した地域を示しています。それぞれの地域に流れる川の名前を書きなさい。

A [　　　　　]　B [　　　　　]・[　　　　　]
C [　　　　　]　D [　　　　　]・[　　　　　]

(3) 地図中のA～Dの文明に関係するものを，次のア～オからそれぞれ選びなさい。ただし，1つとは限りません。

ア 甲骨文字　　イ 太陰暦　　ウ 太陽暦
エ ピラミッド　オ モヘンジョ・ダロ

A [　　　　]　B [　　　　]　C [　　　　]　D [　　　　]

2 中国の古代国家について，次の問いに答えなさい。

(1) 古代国家(王朝)の移り変わりを示した次の　　　中の，（ ① ）～（ ④ ）にあてはまる古代国家（王朝）名を，それぞれ漢字1字で書きなさい。

紀元前1500年ごろ：（ ① ）→紀元前1100年ごろ：（ ② ）→紀元前8世紀から紀元前3世紀：春秋・戦国時代→紀元前3世紀：（ ③ ）→紀元前2世紀：（ ④ ）

① [　　　　]　② [　　　　]　③ [　　　　]　④ [　　　　]

(2) (1)の④のころ，西方の国々と結ばれた交通路を何といいますか。　　　[　　　　]

チャレンジ　　　　　　　　　　　　　　　　　　　　　解答➡別冊p.2

次の問いに答えなさい。

(1) 新石器時代になると農耕や牧畜が始まり，食料が保存されるようになりました。その結果，人々の関係はどうなりましたか。

[　　　　　　　　　　　　　　　　　　　　]

(2) 大河の流域に文明が発生したのはなぜですか。「水を得やすい」「かんがいによる農耕を行いやすい」以外の理由を，「洪水」の語句を使って説明しなさい。

[　　　　　　　　　　　　　　　　　　　　]

❷ 縄文時代〜古墳時代

チャート式シリーズ参考書 »
第1章 ① ⑥〜⑪

✏️ チェック

空欄をうめて，要点のまとめを完成させましょう。

【縄文文化の時代・弥生文化の成立】

① 日本列島ができたころ，人々は縄目の文様のついた ［　　　］
土器を使っていた。

② 人々は ［　　　］ 住居に暮らし，［　　　］ からは，人々の
捨てた貝殻や食べ物の残りかすが出土した。

③ 豊かな実りを願い，土でつくられた人形を ［　　　］ という。

④ 紀元前4世紀ごろ，大陸や朝鮮半島から ［　　　］ が伝わり，
水田がつくられた。また，［　　　］ や鉄器などの金属器も伝
来した。

⑤ ④のころにつくられた土器を ［　　　］ 土器という。

【むらから国へ・邪馬台国の女王】

⑥ 佐賀県にある ［　　　］ 遺跡には，弥生時代の環濠集落のあ
とがみられる。

⑦ 紀元前後の日本のようすは，中国の歴史書に書かれており，
「［　　　］」東夷伝には，57年，倭の奴国の使いが，後漢の
皇帝より ［　　　］ をあたえられた，と書かれている。

⑧ 220年，中国で漢(後漢)がほろびたあと，魏・呉・蜀が争った
時代を，［　　　］ 時代という。

⑨ 「魏志」倭人伝には，倭には30余りの国があり，その中心の
［　　　］ には，［　　　］ という女王がいたと記されている。

【古墳の出現と大和政権(大和朝廷)】

⑩ 3世紀後半ごろ，西日本で巨大な人工の墓，［　　　］ がつ
くられ始めた。

⑪ 近畿地方の豪族が連合した ［　　　］ は，大王を中心に発展
していった。

【中国・朝鮮との交流】

⑫ 4世紀ごろ，朝鮮半島では北部で ［　　　］ が勢力
を広め，南部では ［　　　］ と新羅が成立した。

⑬ 朝鮮半島から日本列島に移り住む ［　　　］ により，
焼き物や漢字，儒学など進んだ技術が伝わった。

ポイント

縄文土器

・縄目の文様があり，分厚く，黒褐色。

弥生土器

・直線や波の文様があり，薄く，赤褐色。

稲作の伝来

・人々はすきやくわ，石包丁などを使用した。
・収穫物は高床倉庫に保存された。

中国の歴史書

日本列島は倭，そこに住む人々は倭人とよばれていた。

親魏倭王

・239年，卑弥呼は魏に使いを送り，皇帝から親魏倭王の称号をあたえられた。

古墳

・古墳は有力な豪族の墓。
・さまざまな形があるが，前方後円墳は巨大なものが多い。
・古墳の周りには，埴輪が置かれていた。

5世紀の東アジア

チェックの解答）①縄文　②たて穴，貝塚　③土偶　④稲作，青銅器　⑤弥生　⑥吉野ヶ里　⑦後漢書，金印　⑧三国
⑨邪馬台国，卑弥呼　⑩古墳　⑪大和政権(大和朝廷)　⑫高句麗，百済　⑬渡来人

トライ .... 解答➡別冊 p.2

1 次の問いに答えなさい。

(1) 弥生時代の環濠集落のあとがみられる遺跡を，右の
地図中の **A～D** から選びなさい。また，その遺跡名
を書きなさい。　　　　　　　位置 [　　　　　]

遺跡名 [　　　　　]

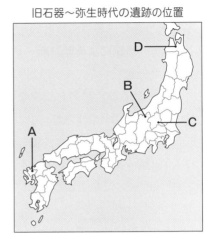

旧石器～弥生時代の遺跡の位置

(2) 縄文時代と弥生時代のようすを説明した文として適
切なものを，次のア～エからそれぞれすべて選びなさ
い。

　ア　厚手で飾(かざ)りの多い土器を使っていた。

　イ　稲作が行われ，定住していた。

　ウ　動物の肉や木の実を食べていた。

　エ　薄手で赤褐色の土器を使っていた。

縄文時代 [　　　　　]　　弥生時代 [　　　　　]

2 次の問いに答えなさい。

(1) 239年，邪馬台国の卑弥呼は，中国の何という国に使いを送りましたか。

このころ中国は三国時代
だったね。

[　　　　　]

(2) (1)の国に使いを送った卑弥呼は，皇帝から何という称号をあたえられましたか。

[　　　　　]

(3) 3世紀後半ごろ，西日本で成立した有力な豪族の連合を何といいますか。

[　　　　　]

(4) 有力な豪族の墓である古墳の周りには，何が置かれていましたか。

[　　　　　]

チャレンジ .... 解答➡別冊 p.2

右の資料は，弥生時代の青銅器(せいどうき)の図と，その側面の絵を拡大したものです。次の問いに答えな
さい。

(1) 図の拡大した絵の建物を何といいますか。

[　　　　　]

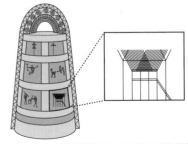

(2) (1)の建物はどのような目的で建てられましたか。
簡単に説明しなさい。

[　　　　　]

(伝香川県出土　東京国立博物館蔵)

⑤ 飛鳥時代

✎ チェック

空欄をうめて，要点のまとめを完成させましょう。

【隋と唐・新羅による朝鮮統一】

① 6世紀末，〔　　　　　〕は中国を統一し，律令を定め，刑罰や行政のしくみ，税のしくみなどを整えた。

② 隋は30年余りでほろび，その後中国を統一した〔　　　　　〕では，〔　　　　　〕がつくられ，租・調・庸の税や兵役を農民に課した。

③ 高句麗・新羅・百済の三国が分立していた朝鮮半島は，676年に〔　　　　　〕によって統一された。

【聖徳太子の政治・飛鳥文化】

④ 593年，〔　　　　　〕は，推古天皇の〔　　　　　〕となった。

⑤ 聖徳太子は〔　　　　　〕と協力し，天皇中心の国家の建設をめざし，家柄にとらわれずに有能な人物を登用する〔　　　　　〕や，役人の心構えを示した〔　　　　　〕などを定めた。

⑥ 中国の進んだ制度や文化を取り入れるため，聖徳太子は，607年，〔　　　　　〕を遣隋使として派遣した。

⑦ このころ，飛鳥地方を中心に栄えた〔　　　　　〕文化は，日本で最初の仏教文化である。

【大化の改新・律令国家の成立・大宝律令】

⑧ 聖徳太子の死後，蘇我氏の勢力が強大化するも，645年，〔　　　　　〕は中臣鎌足らとともに，蘇我氏をほろぼし，翌年〔　　　　　〕を出し，政治革新の方針を示した。

⑨ 663年，〔　　　　　〕で日本は唐・新羅の軍に敗れた。

⑩ 中大兄皇子は，防衛を固めるため，都を近江大津宮に移し，翌年即位して〔　　　　　〕となった。

⑪ 天智天皇の死後，子の大友皇子と弟の大海人皇子が，皇位をめぐって〔　　　　　〕がおき，勝利した大海人皇子が即位して〔　　　　　〕天皇となった。

⑫ 701年，唐の律令にならい〔　　　　　〕が制定された。

⑬ 地方は国と郡に分けられ，中央の貴族が〔　　　　　〕に，地方の豪族が〔　　　　　〕に任命され，それぞれ国と郡を治めた。

ポイント

律令

・律…刑罰に関するきまり
・令…政治を行う上でのきまり

飛鳥文化

・朝鮮半島や西アジア・ギリシャの文化の影響がみられる。
・建築…四天王寺・法隆寺・飛鳥寺など。
・彫刻…法隆寺の釈迦三尊像・百済観音像，飛鳥寺の釈迦如来像など。

改新の詔

1．天皇や豪族が土地と人民を私有してきたしくみは廃止し，高官には給料を支給する。
2．都と地方の行政組織を整える。
3．戸籍・計帳をつくり，それにもとづき人民に田をあたえる。
4．労働力の徴発にかえ，新しい税制を行う。

> 律令を使って統治を行った国家を律令国家というよ。

1 次の問いに答えなさい。

(1) 聖徳太子は, 右の系図中の [A] 天皇の政治を助けました。[A] に入る名前を書きなさい。

〔　　　　　　　〕

(2) 聖徳太子がついた, [A] 天皇を助ける地位を何といいますか。

〔　　　　　　　〕

(3) 中臣鎌足と協力し, 蘇我氏をほろぼし, のちに天智天皇となった人物の名前を書きなさい。

〔　　　　　　　〕

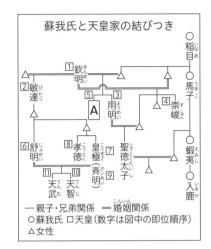

蘇我氏と天皇家の結びつき

―親子・兄弟関係　＝婚姻関係
○蘇我氏　□天皇（数字は図中の即位順序）
△女性

2 次の文を読んで, あとの問いに答えなさい。

　大化の改新により, 律令国家建設が始まった。壬申の乱に勝利して即位した [①] 天皇は, 豪族への支配を強化した。701年, 唐の律令にならった [②] が定められ, 律令国家の体制が固まった。

(1) 文中の [①], [②] にあてはまる語句を書きなさい。　①〔　　　　〕　②〔　　　　〕

(2) 下線部について, 次の問いに答えなさい。
① 右の資料中のa, bにあてはまる語句を書きなさい。　a〔　　　〕　b〔　　　〕
② 資料中の国司には, どんな人が任命されましたか。〔　　　　　　　〕

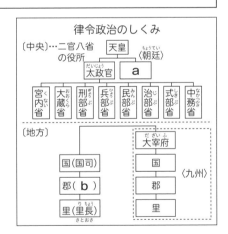

律令政治のしくみ

次の問いに答えなさい。

(1) 右の資料は, 聖徳太子が隋の皇帝煬帝に送った手紙の一部です。この手紙から読み取れる, 聖徳太子がめざした隋との関係を書きなさい。

〔　　　　　　　〕

(2) 大化の改新は, 土地や人民の支配の仕方をどのように改革しようとしましたか。それ以前の支配の仕方と合わせて, 簡単に書きなさい。

〔　　　　　　　〕

日出づる処の天子, 書を日没する処の天子にいたす。つつがなきや……

4 奈良時代

✏️ チェック

空欄をうめて，要点のまとめを完成させましょう。

【平城京】

① 710年，唐の長安にならってつくられた〔　　　　　〕に都が移され，ここで政治が営まれた80年余りを〔　　　　　〕時代という。

② 平城京内での市は，ほとんど物々交換だったが，朝廷は〔　　　　　〕という貨幣の流通も奨励した。

日本で最も古い貨幣は富本銭という銅銭だよ。

【班田収授法と農民】

③ 朝廷は律令制のもとで，人々を〔　　　　　〕に登録し，6歳以上の男女に〔　　　　　〕をあたえた。

④ 人々が負担した，収穫高の約3％の稲を納める税を〔　　　　　〕という。

⑤ 17歳以上の男子には，絹糸や地方の特産物を納める〔　　　　　〕，年間60日まで国司の下で労働する〔　　　　　〕の税も負担させた。

⑥ 21歳以上の男子は，労役にかわり布を納める〔　　　　　〕，1年間の兵役や，〔　　　　　〕として北九州の防衛にあたる役目などが課せられた。

⑦ 743年，国は〔　　　　　〕を出し，新しく開墾した土地は永久に私有してもよいことになった。

班田収授法

・人々にあたえられた口分田は，死ぬと国に返された。

・労役の負担にたえきれず，逃亡する農民も少なくなかった。

・「万葉集」に収録されている山上憶良の「貧窮問答歌」には，農民の生活の貧しさが描かれている。

・人口の増加にともない，口分田が足りなくなると，開墾が推奨されるようになった。

【天平文化】

⑧ 奈良時代の聖武天皇の時代に栄えた文化を〔　　　　　〕文化という。

⑨ 朝廷は唐の制度や文化を取り入れようと〔　　　　　〕を派遣していたため，唐の影響を受けた文化が栄えた。

⑩ 聖武天皇は仏教で国を守ろうとし，国ごとに〔　　　　　〕と国分尼寺をつくらせた。

⑪ 聖武天皇により平城京に建てられた〔　　　　　〕には，大仏や正倉院の宝庫がある。

⑫ 8世紀，日本の成り立ちをまとめた「〔　　　　　〕」「日本書紀」がつくられた。

⑬ 天皇や貴族だけでなく，防人や農民の歌など約4500首が収められた和歌集「〔　　　　　〕」が編さんされた。

聖武天皇は，ききんや病，貴族の権力争いなどで不安定な世の中を，仏教の力で安定させようとしたんだ。

チェックの解答 ①平城京，奈良　②和同開珎　③戸籍，口分田　④租　⑤調，雑徭　⑥庸，防人　⑦墾田永年私財法　⑧天平　⑨遣唐使　⑩国分寺　⑪東大寺　⑫古事記　⑬万葉集

解答➡別冊 p.2

トライ

1 次の問いに答えなさい。

(1) 班田収授法が実施されている場合，右の家族のうち，口分田をあたえられる人は何人ですか。

［　　　　　］

> 祖父（60歳）　父（40歳）　母（39歳）
> 長男（15歳）　次男（13歳）
> 長女（8歳）　次女（5歳）

(2) 墾田永年私財法が出された結果，どのようになりましたか。次のア～エから選びなさい。

ア　天皇の権力が強まった。　　イ　口分田が荒れるようになった。
ウ　農民の生活が楽になった。　　エ　貴族や寺社の私有地が増加した。

［　　　　　］

> 口分田は死ぬと国に返されることになっていたけど，それがなくなったんだったね。

2 次の問いに答えなさい。

(1) 右の資料は，奈良時代に北九州での兵役のために，子どもを残して出かける農民の歌です。この兵役を何といいますか。

［　　　　　］

> から衣
> すそにとりつき
> 泣く子らを
> 置きてぞ来ぬや
> 母なしにして

(2) 右の資料の歌が収められた，日本最古の歌集を何といいますか。

［　　　　　］

(3) 正倉院の「5本のげんを付けた琵琶」には，ナツメヤシやラクダの細工による絵があります。この琵琶に影響をあたえた地域を，次のア～エから選びなさい。

ア　東南アジア　　イ　インド　　ウ　ヨーロッパ　　エ　北アメリカ

［　　　　　］

チャレンジ

解答➡別冊 p.3

正倉院におさめられている，西アジアでつくられたとされるガラス細工は，どのような経路で平城京に運ばれたと考えられますか。右の地図を参考に「シルクロード」「遣唐使」の語句を使って，その経路を簡単に書きなさい。

［　　　　　　　　　　　　　　　　　　］

5 平安時代

✎ チェック

空欄をうめて，要点のまとめを完成させましょう。

【平城京から平安京へ・摂関政治】

① 桓武天皇は，784年，都を平城京から〔　　　　　〕へ移し，794年には，〔　　　　　〕をつくり遷都した。

② 桓武天皇は，蝦夷の平定のため，〔　　　　　〕を征夷大将軍として派遣し，東北地方の支配を拡大した。

③ 平安時代初め，仏教にも新しい動きがあり，〔　　　　　〕は比叡山に延暦寺を建て，〔　　　　　〕を開いた。〔　　　　　〕は高野山に金剛峯寺を建て，〔　　　　　〕を開いた。

④ 9世紀になると，他の貴族をしりぞけて，〔　　　　　〕が朝廷内で力をもつようになった。

⑤ 10世紀中ごろには，天皇が幼いときに天皇にかわって政治を行う〔　　　　　〕，天皇の成人後に天皇を助けて政治を行う〔　　　　　〕が置かれるのが常となった。

⑥ 藤原氏は摂政，関白の座につき，政治の実権をにぎった。このしくみを〔　　　　　〕という。

⑦ 藤原道長とその子の〔　　　　　〕のころが，摂関政治の全盛期であった。

⑧ 10世紀ごろには，地方の政治は国司に任されるようになり，貴族や寺社は〔　　　　　〕という私有地をもつようになった。

【文化の国風化】

⑨ 894年，〔　　　　　〕の提案で遣唐使が停止され，それまで取り入れた唐の文化を消化し，日本の風土や生活に合った文化が発達した。これを〔　　　　　〕という。

⑩ 貴族の住居は美しい庭園のある〔　　　　　〕になり，日本の風景や人物を描いた〔　　　　　〕，絵巻物も生まれた。

⑪ 〔　　　　　〕ができたことにより，日本語を自由に表現できるようになり，多くの文学が誕生した。

⑫ 紀貫之らの「〔　　　　　〕」，紫式部の「〔　　　　　〕」，清少納言の「枕草子」などの文学作品が生まれた。

⑬ 摂関政治のころ，社会の乱れによる不安から，念仏を唱え阿弥陀如来にすがれば，極楽浄土へ行けるという〔　　　　　〕が流行した。

ポイント

平安京遷都

・桓武天皇は，奈良時代後半の混乱した律令政治を立て直すため，都を移した。

・平安京遷都から鎌倉幕府成立までの約400年間を平安時代という。

農民の浮浪や逃亡などにより，人民の把握は難しくなって，10世紀には班田制は完全に崩壊したよ。

8〜9世紀の中国

・唐は国内で反乱などがあいつぎ，9世紀になるころにはおとろえていた。

平安時代の文学

種類	作品名	作者など
歌集	古今和歌集	紀貫之ら
物語	竹取物語	不明
	源氏物語	紫式部
日記	土佐日記	紀貫之
随筆	枕草子	清少納言

チェックの解答 ①長岡京，平安京 ②坂上田村麻呂 ③最澄，天台宗，空海，真言宗 ④藤原氏 ⑤摂政，関白 ⑥摂関政治 ⑦藤原頼通 ⑧荘園 ⑨菅原道真，国風文化 ⑩寝殿造，大和絵 ⑪かな文字 ⑫古今和歌集，源氏物語 ⑬浄土信仰

1 右の地図を見て，次の問いに答えなさい。

(1) 平安京に都を移した天皇が行った政治の内容として
あてはまらないものを，次のア～エから選びなさい。
ア　口分田の支給を12年に1回にした。
イ　坂上田村麻呂を東北地方に遠征させた。
ウ　農民などを兵役にとることをやめた。
エ　政治を立て直すため，防人の設置を始めた。
〔　　　　　〕

(2) 地図中の**X**は，東北地方進出のためのとりでです。
このとりでの名称を，次のア～エから選びなさい。
ア　胆沢城　　イ　秋田城　　ウ　多賀城　　エ　出羽柵
〔　　　　　〕

(3) 最澄が延暦寺を建立した位置を，地図中のア～エから選びなさい。
〔　　　　　〕

2 次の文を読んで，文中の　①　～　⑥　にあてはまる語句をそれぞれ書きなさい。

> 9世紀中ごろから　①　氏は，他の貴族をしりぞけて力をのばし始めた。　①　氏は娘
> を天皇のきさきにして，生まれた子を次の天皇にした。天皇が幼いときには　②　，成長
> すると　③　という職について，政治を行った。このような政治を　④　といい，11世紀
> 前半の　⑤　とその子の　⑥　のころに最も栄えた。

① 〔　　　　　〕　　② 〔　　　　　〕　　③ 〔　　　　　〕
④ 〔　　　　　〕　　⑤ 〔　　　　　〕　　⑥ 〔　　　　　〕

次の問いに答えなさい。
(1) 894年，菅原道真は遣唐使の停止を提案しましたが，航海の危険
性が高いこと以外の理由を，簡単に書きなさい。
〔　　　　　　　　　　　　　　　　　　　　　　　〕

(2) 遣唐使の停止のころから，日本にはどのような文化が発達しまし
たか。右の資料を参考に，「唐の文化」の語句を使って，簡単に説
明しなさい。
〔　　　　　　　　　　　　　　　　　　　　　　　〕

以	⅍	い
呂 ⇒	ろ ⇒	ろ
波	は	は
阿		ア
伊 ⟹		イ
宇		ウ

❻ 武士の成長〜院政

チャート式シリーズ参考書 >>
第2章 ③ ①〜⑤

チェック

空欄をうめて，要点のまとめを完成させましょう。

【武士のおこり・東の源氏と西の平氏】

① 10世紀中ごろ，関東地方で [　　　　] が，瀬戸内海では [　　　　] が武士を率いて反乱をおこした。

② 11世紀後半，東北地方で [　　　] 合戦・[　　　] 合戦がおこり，これを源頼義・義家父子がしずめた。

③ 東北地方の合戦後，藤原清衡は東北地方を支配下におさめ，平泉を根拠地とし，[　　　　] が栄えた。

【院政】

④ 1068年，藤原氏と外戚関係をもたない [　　　　] が即位した。

⑤ その後即位した白河天皇は，1086年に退位し，[　　　　] となり，院で政治を行う [　　　　] を始めた。

⑥ 院と大寺院の間ではしばしば対立がおき，大寺院の中には，[　　　　] とよばれる武装した僧を置いたところもあった。

【平氏の政権・源平の争乱】

⑦ 1156年，後白河天皇と崇徳上皇が対立し，[　　　　] の乱がおこった。

⑧ 1159年，後白河上皇の側近内での対立と，平清盛と源義朝の対立が結びつき，[　　　　] の乱がおこり，勝利した [　　　　] が政治の実権をにぎった。

⑨ 平清盛は，中国の [　　　　] との貿易をさかんに行った。

⑩ 安徳天皇の即位を強行した平清盛に対し，これを認めないとした以仁王が，諸国の [　　　　] によびかけ，挙兵した。

⑪ [　　　　] は伊豆で兵を挙げ，富士川の戦いで平氏を破り，鎌倉を本拠として関東地方の支配を固めた。

⑫ [　　　　] は木曽で兵を挙げ，北陸方面で平氏を破り，その後入京するも，貴族らからの支持を得られず，源頼朝によってつかわされた [　　　　] らの軍にほろぼされた。

⑬ [　　　　] は，義経らを派遣し，一ノ谷の戦い，屋島の戦いで平氏の軍を破り，1185年，[　　　　] の戦いで平氏をほろぼした。

武士のおこり

・地方では，田の開墾にはげみ，土地を拡大させた有力な農民が豪族となり力をもった。

・豪族たちは，土地の奪い合いや国司からの税の取り立てに対抗するため，武装を始めた。

院政

	中心となった上皇	各時代の天皇
白河院政	白河上皇	堀河天皇 鳥羽天皇 崇徳天皇
鳥羽院政	鳥羽上皇	崇徳天皇 近衛天皇 後白河天皇
後白河院政	後白河上皇	二条天皇 六条天皇 高倉天皇 安徳天皇 後鳥羽天皇

源平の争乱

⟵ 源義経の進路
⟵ 源義仲の進路
⟵ 源範頼の進路

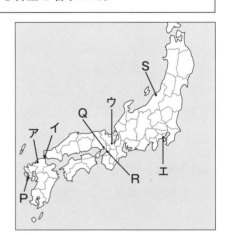...

📝 トライ ‥‥‥‥‥‥‥‥‥‥‥‥‥‥‥‥‥‥‥‥‥‥‥‥‥‥‥‥‥‥‥‥‥ 解答 ➡ 別冊 p.3

1 次の文を読み，あとの問いに答えなさい。

> A　a ☐ の乱がおこり，勝利した b 平清盛はのちに太政大臣となった。
> B　c 壇ノ浦の戦いで，源頼朝の弟の源義経が活躍した。
> C　源義家が父の源頼義とともに，前九年合戦・後三年合戦を鎮圧した。
> D　平将門が国司を追放して関東一帯を占領し，自らを新皇と名乗った。

(1)　☐ にあてはまる語句を書きなさい。〔　　　　　〕

(2)　下線部 a，c のおこった場所を，地図中のア～エからそれぞれ選びなさい。　a〔　　　〕　c〔　　　〕

(3)　下線部 b が中国と貿易を行った港を，地図中の P ～ S から選びなさい。〔　　　　　〕

(4)　A ～ D の文を年代の古い順に記号で書きなさい。
〔　　→　　→　　→　　〕

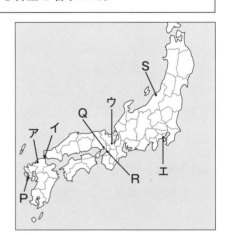

2 次の①～⑤の各文の下線部が正しければ○を，誤っていれば正しい語句を書きなさい。
① 清和天皇の流れをくむ平氏は，早くから関東地方に住んでいた。〔　　　　　〕
② 前九年合戦と後三年合戦ののち，奥州藤原氏が平泉を中心に栄えた。〔　　　　　〕
③ 奥州藤原氏は，現在の岩手県に平等院鳳凰堂を建立した。〔　　　　　〕
④ 1086 年に後三条天皇が院政を始めた。〔　　　　　〕
⑤ 平清盛は現在の広島県にある厳島神社を，平氏の繁栄を願って敬った。〔　　　　　〕

🏅 チャレンジ ‥‥‥‥‥‥‥‥‥‥‥‥‥‥‥‥‥‥‥‥‥‥‥‥‥‥‥ 解答 ➡ 別冊 p.3

次の問いに答えなさい。

(1)　右の地図中の X と Y の国は，平氏が政権をとったころ何といいましたか。正しい組み合わせを，次のア～エから選びなさい。　〔　　　　　〕
ア　X：隋，Y：高句麗　　イ　X：隋，Y：高麗
ウ　X：宋，Y：高句麗　　エ　X：宋，Y：高麗

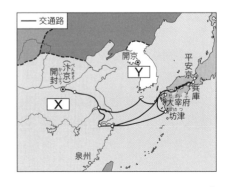

(2)　平氏の政治が貴族や寺社，武士から反感をもたれた理由を，簡単に説明しなさい。
〔　　　　　　　　　　　　　　　　　　　　　　　　　　　　　　　　　〕

7 鎌倉幕府の成立

チェック

空欄をうめて，要点のまとめを完成させましょう。

【鎌倉幕府とそのしくみ】

① 1192年，源頼朝は〔　　　　　　〕に任命され，幕府が成立した。

② 鎌倉幕府の中央には，御家人の統率を行う〔　　　　　　〕，一般政務・幕府財政を行う〔　　　　　　〕，御家人に関する裁判・訴訟事務を行う〔　　　　　〕が置かれた。

③ 将軍と主従関係を結んだ武士を〔　　　　　〕といい，将軍が領地を保護したり，新たにあたえたりすることを〔　　　　　　〕，それに対して将軍に忠誠を誓い，戦時には出陣することを〔　　　　　〕という。

【承久の乱】

④ 源頼朝の死後，北条時政は〔　　　　　　〕となり政治の実権をにぎり，以降北条氏がその地位を引き継いでいった。

⑤ 1221年，〔　　　　　　〕が政治の実権を朝廷に取り戻そうと〔　　　　　〕の乱をおこしたが，幕府軍が上皇側を破った。

⑥ ⑤の後，幕府は朝廷を監視するため，〔　　　　　　〕を京都に置いた。

⑦ 1232年，北条泰時は御家人の土地紛争の裁判などを公正に行うために〔　　　　　〕を定めた。

【武士と民衆・鎌倉時代の文化】

⑧ 農業技術が発達し，西日本の一部では〔　　　　　〕が始まった。

⑨ 〔　　　　　〕は，一心に念仏を唱えれば極楽往生できると説いて，浄土宗を開いた。

⑩ 〔　　　　　〕は，阿弥陀如来の救いを説き，浄土真宗を開き，その教えは多くの庶民に広まった。

⑪ 〔　　　　　〕は，踊念仏をする教えを広め，時宗を開いた。

⑫ 〔　　　　　〕は，南無妙法蓮華経の題目を唱えることで救われると説いて，日蓮宗(法華宗)を開いた。

⑬ 宋に渡って〔　　　　　〕を学んだ〔　　　　　〕と道元は，それぞれ臨済宗と曹洞宗を日本に伝えた。

⑭ 文学では，藤原定家らが編さんした和歌集「〔　　　　　〕」や，鴨長明の「〔　　　　　〕」，兼好法師の「〔　　　　　〕」などの随筆が書かれた。

ポイント

鎌倉幕府のしくみ

・守護…国ごとに置かれ，御家人の統制や国内の警備，治安維持などを行う。

・地頭…荘園・公領ごとに置かれ，土地の管理，税の徴収，治安維持などを行う。

源頼朝は，地方に置く守護・地頭に御家人を任命して，全国に力をのばしたんだよ。

武士のくらし

・武士は農村に館を構え，農民などを使って農業を経営していた。

・塀や土塁で囲まれた館には，馬が飼われ，武芸の訓練の場が設けられていた。

禅宗

・座禅などの修行により悟りを開こうとする禅宗は，武士の気風に合い，幕府の保護を受け，武士の間に広まった。

琵琶法師

・平氏の栄華と滅亡が描かれた「平家物語」は，琵琶法師によって語り広められた。

チェックの解答 ①征夷大将軍 ②侍所，政所，問注所 ③御家人，御恩，奉公 ④執権 ⑤後鳥羽上皇，承久 ⑥六波羅探題 ⑦御成敗式目(貞永式目) ⑧二毛作 ⑨法然 ⑩親鸞 ⑪一遍 ⑫日蓮 ⑬禅宗，栄西 ⑭新古今和歌集，方丈記，徒然草

1 鎌倉幕府のしくみを示す右の図を見て，次の問いに答えなさい。

(1) 図中の　A　～　C　にあてはまる語句をそれ

ぞれ書きなさい。

A〔　　　　〕B〔　　　　〕C〔　　　　〕

(2) 図のしくみが整った時期を，次のア～エから選

びなさい。　　　　　　　　　　〔　　　　〕

ア　源氏が平氏をほろぼしたあと。

イ　源頼朝が征夷大将軍についたあと。

ウ　後鳥羽上皇が隠岐に流されたあと。

エ　御成敗式目（貞永式目）が定められたあと。

```
                    将軍
        〈地方〉      A      〈中央〉
    ┌───┬───┬─────┐   ┌────┬───┬───┐
    B   守   六      問     C   侍
        護   波      注          所
             羅      所
             探
             題
```

(3) 御成敗式目（貞永式目）を定めた　A　の3代目の人物を書きなさい。　〔　　　　　　〕

2 次の問いに答えなさい。

(1) 鎌倉時代の仏教について，次の表の①～⑥にあてはまる語句をそれぞれ書きなさい。

開祖	宗派	開祖	宗派
法然	①	栄西	④
②	浄土真宗	⑤	曹洞宗
③	時宗	⑥	法華宗

①〔　　　　〕②〔　　　　〕

③〔　　　　〕④〔　　　　〕

⑤〔　　　　〕⑥〔　　　　〕

(2) 鎌倉時代について，次の各文の下線部が正しければ○，誤っていれば正しい語句を書きな

さい。

① 牛馬耕や草木灰により生産力がのび，西日本の一部では二毛作が始まった。

② 後鳥羽上皇の命令により，「古今和歌集」が編さんされた。

③ 琵琶法師は，「源氏物語」という源平の戦いを描いた作品を語り伝えた。

①〔　　　　〕②〔　　　　〕③〔　　　　〕

次の問いに答えなさい。

(1) 源頼朝が東北地方を支配下に置く前にほろぼした

豪族を何といいますか。　　　〔　　　　〕

(2) 右の資料をもとに，鎌倉時代の御家人とはどんな

武士のことかを，簡単に説明しなさい。

〔　　　　　　　　　　　　　　　　〕

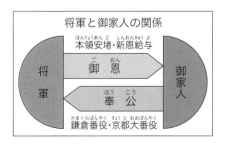

将軍と御家人の関係

本領安堵・新恩給与

将軍　御恩　御家人

奉公

鎌倉番役・京都大番役

チェック

空欄をうめて，要点のまとめを完成させましょう。

【モンゴル・元の発展・元の襲来と幕府のおとろえ】

① 1206年，〔　　　　　〕がモンゴル民族を統一し，1271年には，孫の〔　　　　　〕が国号を元と改めた。

② 元は，1274年，1281年の二度にわたり日本へ襲来した。これを〔　　　　　〕という。

③ 1297年，鎌倉幕府は〔　　　　　〕を出し，御家人が失った土地をただで取り戻させたが，あまり効果はなかった。

【南北朝の動乱・室町幕府の成立】

④ 〔　　　　　〕は，鎌倉幕府を倒し朝廷へ政治の実権を取り戻そうとしたが失敗し，隠岐に流された。

⑤ 幕府に不満をもつ悪党や，幕府を裏切り六波羅探題を攻撃した〔　　　　　〕などの活躍により，1333年，鎌倉幕府はほろんだ。

⑥ 隠岐から京都へ戻った後醍醐天皇は，〔　　　　　〕という，公家と武家を統一した天皇中心の新しい政治を始めた。

⑦ 建武の新政への武士たちの不満をみた〔　　　　　〕は兵を挙げ，京都に別の天皇をたて，後醍醐天皇は吉野（奈良）にのがれた。

⑧ 京都の北朝と吉野の南朝が並び立ち，60年近く争乱が続いた時代を〔　　　　　〕という。

⑨ 1338年，足利尊氏は征夷大将軍に任命され，孫の3代将軍〔　　　　　〕のときには，京都の室町で政治が行われた。足利氏の幕府を〔　　　　　〕という。

⑩ 南北朝の統一を果たした足利義満は，太政大臣となり，中国と〔　　　　　〕を開始した。

【明と朝鮮・日明貿易】

⑪ 14世紀後半，中国では漢民族が〔　　　　　〕を建国した。

⑫ 14世紀末，朝鮮では〔　　　　　〕が朝鮮国を建てた。

⑬ 14世紀半ば，中国や朝鮮では，沿岸をおそう日本人の武装集団を〔　　　　　〕とよび，恐れた。

⑭ 日明貿易では，貿易船と倭寇を区別するため，〔　　　　　〕という証明書を用いた。

ポイント

御家人の不満

・元寇でたくさんの御家人が動員されたが，敵の土地を得られたわけでもなかったため，御家人は十分な恩賞が得られなかった。

・このころ，御家人の生活は苦しく，借金をしたために土地を売ったりする者もいた。

公家と武家の統一をかかげたものの，実際には公家が重視されていたんだ。

室町幕府のしくみ

・管領…鎌倉幕府の執権にあたる，将軍の補佐役。

・鎌倉府…関東を支配するために鎌倉に置いた。

勘合貿易

・日明貿易は勘合を用いて行われたため，勘合貿易ともいう。

・日明貿易による利益は，室町幕府の大きな財源だった。

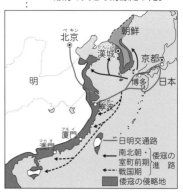

ペキン
北京
漢城
朝鮮
京都
明
博多
日本
アモイ
廈門
マカオ
澳門

──日明交通路
‥‥南北朝・室町時期
‥‥戦国期
倭寇の進路
■倭寇の侵略地

トライ .... 解答 ➡ 別冊p.4

1 右の年表を見て，次の問いに答えなさい。

(1) 下線部の戦いのときの，元の皇帝はだれですか。

〔　　　　　　　　〕

年	できごと
1206	モンゴルが統一される
1221	承久の乱
1232	御成敗式目の制定
1274	文永の役 ┐元寇
1281	弘安の役 ┘

(2) 下線部の戦いのときの，日本の幕府の執権はだれですか。

〔　　　　　　　　〕

(3) 下線部に関することがら，および，下線部よりあとにおこったできごととして誤っている
ものを，次のア～エからすべて選びなさい。　　　　　　〔　　　　　　　　〕
ア　守護・地頭が設置された。　　　イ　六波羅探題が設置された。
ウ　徳政令が出された。　　　　　　エ　御家人に十分な恩賞があたえられなかった。

2 室町幕府のしくみを示す右の図を見て，次の問いに答えなさい。

(1) 幕府の財政を扱う機関を，図中から選んで書きなさい。

〔　　　　　　　　〕

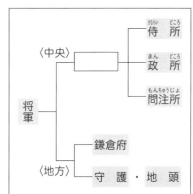

(2) 将軍を補佐する，図中の□□□の役職を何といいます
か。　　　　　　　　　　　　　　〔　　　　　　　　〕

(3) 南北朝の争乱の中で力をつけ，国司にかわって国を支
配するようになった守護を何といいますか。

〔　　　　　　　　〕

(4) 南北朝を統一させた将軍はだれですか。　　　　　　　　　〔　　　　　　　　〕

チャレンジ .... 解答 ➡ 別冊p.4

右の資料を見て，次の問いに答えなさい。

(1) 右の資料は，1334年の政権を批判したものです。このとき
政治を行っていたのはだれですか。　　　〔　　　　　　〕

(2) (1)による政治を何といいますか。　　　〔　　　　　　〕

(3) (2)は，２年ほどしか続きませんでした。その理由を簡単に説
明しなさい。

〔　　　　　　　　　　　　　　　　　　　　　　　〕

> このごろ都ではやってい
> るものは、夜うちや強盗、
> にせの天皇の命令、逮捕さ
> れた人や緊急事態を知らせ
> る早馬……。生首が転がっ
> ていたり、かってに僧にな
> たり……。

チェック

空欄をうめて，要点のまとめを完成させましょう。

【産業の発達・商業と都市の発達・村の自治と一揆】

① 鎌倉時代に始まった稲と麦の〔　　　　　〕は各地に広がり，茶・藍・麻などの〔　　　　　〕もつくられるようになった。

② 商人や手工業者は〔　　　　　〕という同業組合を結成し，営業を独占した。

③ しだいに自立するようになった村の人々は，〔　　　　　〕という自治組織をつくり，荘園領主や守護に抵抗した。

④ 農民は，集団で年貢を減らすように交渉したり，土倉や酒屋などをおそい，借金の帳消しを求めるなど，〔　　　　　〕をおこした。

⑤ 15世紀末，石川県の加賀国でおこった〔　　　　　〕は，浄土真宗（一向宗）の信仰で結びついた武士や農民のおこした一揆である。

【応仁の乱と下剋上の世】

⑥ 1467年，室町幕府8代将軍〔　　　　　〕の後継者争いなどが原因でおこった〔　　　　　〕は，約11年間続き，京都は焼け野原となり，幕府の権威は失われた。

⑦ 戦乱は地方へも拡大し，身分が下の者が実力で上の者を倒す〔　　　　　〕の風潮が広まった。

⑧ 守護大名を倒し，実力で一国の支配者となった者を〔　　　　　〕という。

【室町時代の文化】

⑨ 3代将軍足利義満のころの文化を〔　　　　　〕文化という。義満は京都の北山に〔　　　　　〕を建てた。

⑩ 8代将軍足利義政のころの文化を〔　　　　　〕文化という。義政は京都の東山に〔　　　　　〕を建てた。

⑪ 銀閣に取り入れられた建築様式は〔　　　　　〕といい，和風建築の基礎となった。

⑫ 禅宗寺院では，石と砂だけで大自然を表現した〔　　　　　〕という庭園がつくられた。

⑬ 中国からもたらされた墨一色で自然を描く〔　　　　　〕は，雪舟によって大成された。

⑭ 観阿弥・世阿弥親子は，〔　　　　　〕を大成した。

土倉や酒屋は，金融業を営む富豪たちのことをいうよ。農民たちは過重な年貢の支払いができず，彼らから借金をしていたんだ。

土一揆

・正長の土一揆…1428（正長元）年に近江坂本の馬借を中心におこった。

・山城国一揆…1485年，京都の南山城でおこった。守護大名を追い出し，8年間自治を行った。

応仁の乱の対立関係図

西軍（山名方）	東軍（細川方）	
日野富子—足利義政		将軍の後継者問題
（養子）		
義尚	義視	
山名持豊（宗全）（元侍所長官）	細川勝元（管領）	の守護大名の対立

室町時代の文化の特徴

・幕府が京都にあったため，武家文化と公家文化が融合した文化。

・禅宗の影響を強く受けた。

・下剋上や産業の発展などにより，庶民の文化が出現・発展した。

チェックの解答 ①二毛作，商品作物 ②座 ③惣 ④土一揆 ⑤一向一揆 ⑥足利義政，応仁の乱 ⑦下剋上 ⑧戦国大名 ⑨北山，金閣 ⑩東山，銀閣 ⑪書院造 ⑫枯山水 ⑬水墨画 ⑭能（能楽）

1 次の文を読んで，あとの問いに答えなさい。

> 15世紀，11年におよぶ戦乱で， ① の大半は焼け野原となった。この戦乱は ② に広がり， ③ の多くは領地を守るため領国（りょうごく）へ戻（もど）った。しかし，領国では ④ がおこり，武士の反乱も多く，実力で ③ にとってかわろうとする者も現れた。

(1) 文中の ① ～ ④ にあてはまる語句を，次のア～カからそれぞれ選びなさい。

ア　一揆　イ　名主（みょうしゅ）　ウ　太政大臣（だいじょう）
エ　地方　オ　京都　カ　守護大名

① 〔　　　　〕　　② 〔　　　　〕
③ 〔　　　　〕　　④ 〔　　　　〕

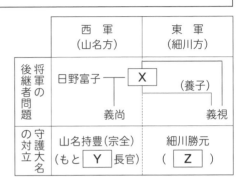

	西　軍 (山名方)	東　軍 (細川方)
将軍の後継（こうけい）者問題	日野富子 ― X 義尚	（養子） 義視
守護大名の対立	山名持豊（宗全） （もと Y 長官）	細川勝元 （ Z ）

(2) 下線部の戦乱は，何年におこりましたか。

〔　　　　　　　　〕

(3) 下線部の戦乱の，開始時の対立関係を示したのが上の資料です。資料中の X の将軍名， Y の武士の統率を行った機関名， Z の将軍を補佐する役職名をそれぞれ書きなさい。

X〔　　　　　　〕 Y〔　　　　　　〕 Z〔　　　　　　〕

2 室町時代の文化の説明として正しいものを，次のA～Dからすべて選びなさい。

A　雪舟は，墨一色で自然を描く絵画である水墨画（すいぼくが）を完成させた。

B　世阿弥は，能（能楽）の合間に演じられる狂言（きょうげん）を完成させた。

C　銀閣は，足利義政によって京都の北山に建てられた。

D　東求堂同仁斎（とうぐどうどうじんさい）などにみられる書院造（しょいんづくり）は，畳（たたみ）やふすまなどがあるのが特徴である。

〔　　　　　　　〕

右の資料は，奈良（なら）市にある碑文（ひぶん）に書かれた文字をわかりやすくしたものです。次の問いに答えなさい。

(1) この碑文の宣言は，何という一揆のあとに刻まれたものですか。

〔　　　　　　　　〕

(2) この一揆をおこした馬借や農民たちは，どんなことを要求したのですか。「借金」の語句を使って，簡単に書きなさい。

〔　　　　　　　　　　　　　　　　　　　　〕

> 正長元年ヨリサキ者（は）
> カンヘ（神戸）四カン（か郷）カウ二（べ）
> ヲヰメ（負い目）アルヘカラス（ず）

1 次の文を読んで，あとの問いに答えなさい。

> 紀元前4世紀ごろ，大陸から稲作とa金属器が伝わり，社会は大きく変化した。3世紀中ごろには，邪馬台国の　A　が30余りの国々をまとめていたことが，中国の歴史書に書かれている。
>
> 593年，聖徳太子は摂政となり，冠位十二階と十七条の憲法を定めた。聖徳太子の死後，蘇我氏をほろぼした中大兄皇子と中臣鎌足らはb大化の改新を行った。701年には唐の律令にならい　B　が制定され，人々は戸籍に登録され，租調庸などが課せられた。

(1) 下線部aのうち，青銅器は主に何に使われていましたか。

　　　　[　　　　　　　　　　　　　]

(2) 　A　にあてはまる人物の名前を書きなさい。　　　　[　　　　　]

(3) 右の資料は，十七条の憲法の一部です。資料中の下線部は何のことですか。

　　　　[　　　　　　　]

> 二に曰く，あつく三宝を敬え。
> 三に曰く，詔をうけたまわりては，必ずつつしめ。

(4) 下線部bで，中大兄皇子らはどのような国づくりをめざしましたか。

　　　　[　　　　　　　　　　　　　　　　　]

(5) 　B　にあてはまる語句を書きなさい。　　　　[　　　　　]

2 次の表を見て，あとの問いに答えなさい。

	飛鳥文化	天平文化	国風文化
特色	・最初の仏教文化。 ・朝鮮半島，南北朝時代の中国の影響を受けている。	・　A　天皇のころ。 ・仏教や唐の文化の影響を受けている。	・日本の風土や生活に合った文化。 ・浄土信仰の影響がある。
建築・彫刻	a法隆寺・法隆寺釈迦三尊像	東大寺・東大寺大仏	寝殿造・平等院鳳凰堂
工芸・絵画・文学	法隆寺玉虫厨子	「古事記」・「日本書紀」・「　B　」	大和絵・「古今和歌集」・「b源氏物語」・「枕草子」

(1) 下線部aを建てた人物の名前を書きなさい。　　　　[　　　　　]

(2) 　A　にあてはまる語句を書きなさい。　　　　[　　　　　]

(3) 　B　は，農民や貴族，天皇などさまざまな身分の人たちの和歌が収められている，日本最古の和歌集です。この和歌集の名前を書きなさい。　　　　[　　　　　]

(4) 下線部bの作者を次のア～エから選びなさい。

ア　紀貫之　　イ　清少納言　　ウ　紫式部　　エ　藤原定家　　[　　　　]

3 次の文を読んで，あとの問いに答えなさい。

794年，桓武天皇は律令政治を立て直すため，京都の地に＿＿＿＿をつくった。9世紀に入り，貴族の中で藤原氏が力をつけ，10世紀中ごろには藤原氏によるa摂関政治が行われた。

1086年，白河上皇による院政が始まり，摂関政治はおとろえたが，そのころ地方では源氏や平氏などの武士が力をつけていた。院政をめぐる争いで勝利をおさめたb平清盛が政治の実権をにぎったが，1185年壇ノ浦の戦いで平氏は源氏によりほろぼされた。

源頼朝は征夷大将軍に任命され，c鎌倉幕府を開いた。源氏の将軍が絶えると，d北条氏が政治の実権をにぎった。1221年，後鳥羽上皇がe承久の乱をおこすも，幕府によりおさめられた。

(1) ＿＿＿＿にあてはまる語句を書きなさい。 〔　　　　　　　〕

(2) 下線部aについて説明した次の文章の（ ① ）～（ ④ ）にあてはまる語句をそれぞれ書きなさい。

藤原氏は，天皇が幼いときは（ ① ），成人後は（ ② ）の座につき，実権をにぎった。藤原（ ③ ）・（ ④ ）父子のころが全盛期であった。

① 〔　　　　　〕 ② 〔　　　　　〕 ③ 〔　　　　　〕 ④ 〔　　　　　〕

(3) 下線部bは，中国の王朝と貿易をさかんに行いました。その王朝名を書きなさい。
〔　　　　　　　〕

(4) 下線部cを支え，将軍と主従関係を結んだ武士を何というか書きなさい。
〔　　　　　　　〕

(5) 下線部dについて，北条氏は何という地位について政治を動かしましたか。
〔　　　　　　　〕

(6) 下線部eのあとに幕府が行った対応として正しいものを次のア～エからすべて選びなさい。
ア 各地に守護・地頭を置いた。　　イ 京都に六波羅探題を置いた。
ウ 御成敗式目を制定した。　　　　エ 荘園整理令を出した。 〔　　　　　　　〕

4 右の年表を見て，次の問いに答えなさい。

(1) ＿＿＿＿にあてはまる語句を書きなさい。
〔　　　　　　　〕

(2) (1)のあと，御家人の幕府に対する不満が高まりました。それはなぜですか，簡単に説明しなさい。
〔　　　　　　　　　　　　　　　〕

(3) 下線部aは，中国の明との貿易に勘合を用いましたが，それは貿易船と何を区別するためでしたか。
〔　　　　　　　　　　　　　　　〕

(4) 下線部bは農民が何を要求しておこしたものですか。
〔　　　　　　　　　　　　　　　〕

(5) 下線部cがおこったときの将軍の名前を書きなさい。 〔　　　　　　　〕

年	できごと
1274	文永の役
1281	弘安の役
1333	鎌倉幕府滅亡
1338	足利尊氏，征夷大将軍に任命される
1392	a足利義満，南北朝合一
1428	b正長の土一揆
1467	c応仁の乱

10 ヨーロッパ世界とイスラム世界

チャート式シリーズ参考書 >> 第3章 ⑤ ①〜⑦

チェック

空欄をうめて，要点のまとめを完成させましょう。

ポイント

【ヨーロッパ世界の成立・イスラム世界】

① 4世紀後半，北方の [　　　　　] 人はローマ帝国へ移動を始め，5世紀末ごろフランク王国を建てた。

② 7世紀，ムハンマド(マホメット)が [　　　　　] を開いた。

③ 11世紀，キリスト教の聖地エルサレムが，イスラム教徒のセルジューク朝に占領され，ローマ教皇は聖地奪回のために [　　　　　] を派遣した。

【ルネサンスと宗教改革〜アメリカ大陸の植民地化と奴隷貿易】

④ 14世紀，キリスト教化以前の古代ギリシャ・ローマ文化を復興させようとする [　　　　　] が始まった。

⑤ 1517年，ドイツで [　　　　　] が，教会の免罪符販売に対して抗議した。これが [　　　　　] のきっかけとなった。

⑥ ローマ教会側の教えを [　　　　　](旧教)といい，新しい教えを信じるキリスト教の一派を [　　　　　](新教)という。

⑦ ヨーロッパでは，マルコ・ポーロの「[　　　　　]」の影響や，香辛料などへの需要などにより，アジアへの新航路の開拓が始まった。

東方との貿易は，イスラム商人やイタリア商人が独占していて，東方の物産は高価だったため，スペイン・ポルトガル人は海路で直接アジアをめざそうとしたんだ。

⑧ [　　　　　] は喜望峰を回りインドへ到達，[　　　　　] は大西洋を横断し西インド諸島へ到達，[　　　　　] 一行は西回りで世界一周を達成した。

【戦国大名の領国支配・鉄砲とキリスト教の伝来】

⑨ 日本では応仁の乱後，実力で領国を支配する [　　　　　] が各地に割拠するようになり，城下町を形成し，領国を治めるための [　　　　　] を定めた。

⑩ 1543年，九州の [　　　　　] に漂着したポルトガル人により鉄砲が伝わり，国内に普及した。

⑪ 1549年，鹿児島に上陸したイエズス会の宣教師 [　　　　　] によりキリスト教が伝わった。キリスト教を保護し，自らも信者となる [　　　　　] 大名も現れた。

中世のヨーロッパのできごと

年	できごと
395	ローマ帝国が東西に分裂
476	西ローマ帝国がほろびる
481	フランク王国がおこる
632	イスラム帝国がおこる
870	フランク王国が分裂する
1038	セルジューク朝成立
1096	十字軍の開始

ルネサンス

・代表的な作品

文学…ダンテ「神曲」

絵画…レオナルド・ダ・ビンチ「最後の晩餐」「モナ＝リザ」

彫刻…ミケランジェロ「ダビデ」

・三大発明…紙・火薬・羅針盤

免罪符

・これを買えばすべての罪が許されるというお札。

・ローマ教皇が，教会建設費を得るために販売した。

南蛮貿易

・ポルトガル人やスペイン人は，南蛮人とよばれた。

・このころ，長崎や九州の平戸を中心に，南蛮人との貿易(南蛮貿易)がさかんになった。

・主な輸出品…銀，刀剣，漆器など。

・主な輸入品…生糸，絹織物，鉄砲，火薬など。

チェックの解答 ①ゲルマン ②イスラム教 ③十字軍 ④ルネサンス ⑤ルター，宗教改革 ⑥カトリック，プロテスタント ⑦東方見聞録 ⑧バスコ・ダ・ガマ，コロンブス，マゼラン ⑨戦国大名，分国法 ⑩種子島 ⑪ザビエル，キリシタン

解答 ➡ 別冊p.6

トライ

1 右の地図を見て，次の問いに答えなさい。

(1) 地図中のＡは，喜望峰回りでインドに到達した人物の航路，Ｂは西インド諸島に到達した人物の航路，Ｃは西回りで世界一周を達成した船隊の航路を示しています。それぞれの航海を率いた人物名を書きなさい。

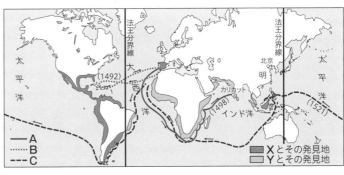

A〔　　　　　　　〕　B〔　　　　　　　〕　C〔　　　　　　　〕

(2) 地図中のＸとＹは，世界各地を航海し，植民地を広げていった国名があてはまります。それぞれの国名を書きなさい。　　X〔　　　　　　　〕　Y〔　　　　　　　〕

(3) ヨーロッパの国にほろぼされたインカ帝国はどの大陸にありましたか。次のア～エから選びなさい。

ア　アフリカ　　イ　オーストラリア　　ウ　ユーラシア　　エ　南アメリカ

〔　　　　　　　〕

2 次の各文の下線部が正しければ○を，誤っていれば正しい語句を書きなさい。

① ムハンマドは，唯一神アラーへの服従を説く<u>ユダヤ教</u>を開いた。　〔　　　　　　〕
② ルターは，1517年に<u>スイス</u>で宗教改革を始めた。　〔　　　　　　〕
③ ザビエルらが結成したイエズス会は，<u>カトリック側</u>の組織である。　〔　　　　　　〕
④ ルネサンスが始まったのは14世紀の<u>イタリア</u>だった。　〔　　　　　　〕
⑤ ルネサンスの三大発明品は，紙・火薬・<u>蒸気機関</u>である。　〔　　　　　　〕

チャレンジ

解答 ➡ 別冊p.6

次の問いに答えなさい。

(1) 南蛮貿易における日本の主要な輸出品として適切なものを，次のア～エから選びなさい。

ア　生糸　　イ　火薬　　ウ　銀　　エ　絹織物

〔　　　　　　　〕

(2) キリシタン大名たちがキリスト教の信者となった理由について，貿易の利益を得るため，西洋文明に好奇心を抱いたため以外の理由を簡単に書きなさい。

〔　　　　　　　　　　　　　　　　　　　　　　　　　　　〕

11 信長と秀吉の統一事業と桃山文化

チャート式シリーズ参考書 >> 第3章 5 ⑧〜⑪

チェック

空欄をうめて，要点のまとめを完成させましょう。

【信長と秀吉の統一事業】

① 1560年，織田信長は〔　　　　〕の戦いで〔　　　　〕を破り，東海を制すると，全国統一に乗りだした。

② 1573年，信長は当時の将軍の〔　　　　〕を京都から追放し，室町幕府をほろぼした。

③ 信長は，大きな宗教勢力であった比叡山〔　　　　〕を焼き討ちにした。また，寺社勢力に対抗するため，〔　　　　〕教を保護した。

④ 1576年，信長は〔　　　　〕を築き，関所の撤廃や城下で自由に商工業ができる〔　　　　〕などの政策を行った。

⑤ 1582年，信長は本能寺の変で家臣の〔　　　　〕に攻められ自害した。

⑥ 本能寺の変後，〔　　　　〕が明智光秀を討ち，1590年に全国統一を果たした。

【検地と刀狩・朝鮮侵略】

⑦ 秀吉は度量衡を統一した全国的な土地の調査を行い，田畑の収穫高を〔　　　　〕で表した。これを〔　　　　〕という。

⑧ 1588年，秀吉は一揆防止のために〔　　　　〕を出し，農村から刀などの武器を没収した。

⑨ 秀吉は，〔　　　　〕の征服をめざし〔　　　　〕へ二度出兵するも，多くの犠牲者を出し，豊臣政権は弱体化した。

【桃山文化】

⑩ 大名の権威を示す〔　　　　〕をもった城は，豪華で雄大な特色をもつ桃山文化の代表的な建築である。

⑪ ふすまや屏風には，華やかな色彩を用いた絵が描かれた。〔　　　　〕の「唐獅子図屏風」が有名。

⑫ 茶の湯は，大名や大商人たちの社交の場として流行し，〔　　　　〕が茶道として完成させた。

⑬ 〔　　　　〕という女性が始めた〔　　　　〕は，歌舞伎の源流といわれる。

統一事業年表

	年	できごと
織田信長	1560	桶狭間の戦い
	1571	延暦寺の焼き討ち
	1573	室町幕府をほろぼす
	1575	長篠の戦い
	1576	安土城を築城
	1582	本能寺の変
豊臣秀吉	1582	太閤検地を始める
	1585	関白になる
	1588	刀狩令を出す
	1590	全国統一完成

・信長，秀吉の時代を安土桃山時代という。
・信長はキリスト教を保護したが，秀吉はのちに禁止した。

太閤検地

・検地帳には，土地の良し悪し，面積，石高，その土地の耕作をする者などが記された。
・農民は土地の権利が保障されたが，年貢を確実に納める義務を負った。
・それまで土地に対する権利を強みにしていた荘園領主などは，その力を失い，荘園制度はなくなった。

朝鮮侵略

・文禄の役（1度目の出兵）
…1592年，朝鮮の義兵による抵抗などで苦戦し，引き上げた。
・慶長の役（2度目の出兵）
…1597年，再び出兵するも，1598年に秀吉が病死したため引き上げた。

南蛮文化

・南蛮貿易により伝わったヨーロッパの文化。
・天文学，医学，航海術，油絵の技法，パン，カステラ，タバコ，ボタン，眼鏡などが伝えられた。

チェックの解答 ①桶狭間，今川義元 ②足利義昭 ③延暦寺，キリスト ④安土城，楽市・楽座 ⑤明智光秀 ⑥豊臣秀吉 ⑦石高，太閤検地 ⑧刀狩令 ⑨明，朝鮮 ⑩天守 ⑪狩野永徳 ⑫千利休 ⑬出雲の阿国，かぶきおどり

解答 ➡ 別冊p.6

トライ

1 右の地図を見て，次の問いに答えなさい。

(1) 地図中の堺の自治権を奪った，尾張出身の戦国大名はだれですか。　［　　　　　　　］

(2) 地図中の桶狭間と長篠で行われた戦いで敗れた大名を，それぞれ書きなさい。

桶狭間［　　　　　　　］　　長篠［　　　　　　　］

(3) 織田信長が安土城を築いた場所を，地図中のP～Sから選びなさい。　［　　　　　　　］

2 右の資料を見て，次の問いに答えなさい。

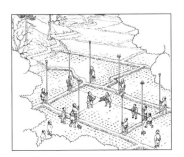

(1) 資料と同様の方法で，全国的な土地調査を行ったのはだれですか。　［　　　　　　　］

(2) この土地調査に関することがらとして誤っているものを，次のア～エから選びなさい。

ア　長さなどの単位が全国的に統一された。

イ　各地の領主・大名に調査結果を報告させた。

ウ　荘園領主などの土地の所有権が否定された。

エ　検地帳に耕作者，面積，石高などが記録された。　［　　　　　　　］

(3) 次のア～オの文は，織田信長と(1)の人物のどちらかに関係します。それぞれに関係するものをすべて選びなさい。

ア　寺社勢力をおさえるために，キリスト教を保護した。

イ　関白・太政大臣になり，朝廷の権威を利用して支配した。

ウ　足軽鉄砲隊を使い，武田氏の騎馬軍団を破った。

エ　明を征服するために，朝鮮に大軍を送った。

オ　比叡山延暦寺を焼き討ちにした。

織田信長［　　　　　　　］　　(1)の人物［　　　　　　　］

チャレンジ

解答 ➡ 別冊p.6

太閤検地と刀狩が社会にあたえた影響を，「身分」の語句を使って，簡単に書きなさい。

［　　　　　　　　　　　　　　　　　　　　　　　　　　　　　　　］

12 江戸幕府の成立

チャート式シリーズ参考書 >>
第3章 6 ① ～ ⑤

チェック

空欄をうめて，要点のまとめを完成させましょう。

【江戸幕府の成立・幕府と藩による支配・大名と朝廷の統制】

① 1600年，〔　　　　　〕らの東軍と〔　　　　　〕らの西軍が戦い，東軍が勝利した。この〔　　　　　〕の戦いは，天下分け目の戦いといわれる。

② 1603年，徳川家康は〔　　　　　〕に任命され，江戸幕府を開いた。

③ 1605年，家康は子の〔　　　　　〕に将軍職を譲り，関ヶ原の戦い後も大阪城を拠点として抵抗していた〔　　　　　〕氏を1615年にほろぼした。これを〔　　　　　〕という。

④ 幕府と藩が土地と人民を支配するしくみを〔　　　　　〕という。

⑤ 幕府のしくみは，3代将軍〔　　　　　〕のころに整い，将軍のもとに置かれた4〜5名の〔　　　　　〕が月変わりで政治の運営にあたった。

⑥ 大名のうち，徳川家の親戚を〔　　　　　〕，徳川家の古くからの家臣を〔　　　　　〕，関ヶ原の戦い以後に徳川家に従った大名を〔　　　　　〕という。

⑦ 1615年，大名の統制のために〔　　　　　〕が定められ，1635年，徳川家光のときに，〔　　　　　〕が制度化された。

⑧ 1615年，幕府は〔　　　　　〕を定め，天皇と公家の行動を規制し，京都所司代が朝廷の監視にあたった。

【身分制の社会・農民と町人のくらし】

⑨ 江戸時代は，少数の〔　　　　　〕が多数の農工商（百姓・町人）やその他の民衆を支配する厳しい身分制度の社会となった。

⑩ 厳しい身分社会を支える役割を果たした，儒学の中の学問を〔　　　　　〕という。

⑪ 村には，土地をもち，年貢を負担した〔　　　　　〕と，その下で耕地をもたずに耕作にあたる〔　　　　　〕がおり，5〜6戸をまとめて〔　　　　　〕をつくり，犯罪防止や年貢の納入に共同責任を負わせた。

ポイント

徳川家康
・三河（愛知県）の出身。
・織田信長や豊臣秀吉と同盟し，東海地方の有力大名であった。
・北条氏滅亡後，関東の領地をあたえられ，江戸を本拠とした。

幕府と藩
・幕府…将軍が設けた支配のための組織。
・藩…将軍によって保障された大名の領地とその支配の組織。

●…主な親藩・譜代大名　■…幕府領　■…幕府の主な直轄地
■■…御三家　□…親藩・譜代大名領　・…主な都市・城下町
□…主な外様大名　□…外様大名領
20…数字は石高（万石）
0　200km

佐竹 21
松平 26　前田 103　相川　伊達 56
池田 32　池田 32　松平 45　井伊 30　新潟　上杉 30
浅野 38　毛利 37　保科 23
黒田 43　鍋島 36　京都　徳川（水戸）24
長崎　大阪　駿府　江戸
島津 73　山田　下田
有馬 21　蜂須賀 26　徳川 25
細川 54　徳川（紀伊）54　藤堂 32　徳川（尾張）62　徳川 25

参勤交代
・大名は，謀反防止のため，1年ごとに江戸と領地を往復させられた。
・江戸と領地での二重生活となり，大名にとって大きな財政負担であった。

幕府は，百姓・町人のほかに，えた・ひにんという身分を設けたよ。彼らは厳しい差別を受けていたんだ。

チェックの解答 ①徳川家康，石田三成，関ヶ原　②征夷大将軍　③徳川秀忠，豊臣，大阪の陣　④幕藩体制　⑤徳川家光，老中　⑥親藩，譜代，外様　⑦武家諸法度，参勤交代　⑧禁中並公家諸法度　⑨武士　⑩朱子学　⑪本百姓，水のみ百姓，五人組

解答➡別冊p.6

1 トライ

1 江戸幕府のしくみを示した右の資料を見て，次の問いに答えなさい。

(1) 資料中の A ～ C にあてはまる
語句を，次のア～オからそれぞれ選びな
さい。

ア 老中　イ 執権　ウ 大老
エ 六波羅探題　オ 京都所司代

A [　　　　]
B [　　　　]
C [　　　　]

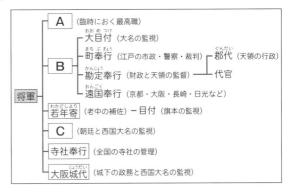

将軍
　├─ A（臨時におく最高職）
　├─ 大目付（大名の監視）
　├─ B ─┬─ 町奉行（江戸の市政・警察・裁判）
　│　　　├─ 勘定奉行（財政と天領の監督）── 郡代（天領の行政）
　│　　　└─ 遠国奉行（京都・大阪・長崎・日光など）── 代官
　├─ 若年寄（老中の補佐）─ 目付（旗本の監視）
　├─ C（朝廷と西国大名の監視）
　├─ 寺社奉行（全国の寺社の管理）
　└─ 大阪城代（城下の政務と西国大名の監視）

(2) 資料中の ☐ で囲まれた役職についた大名を，次から選んで書きなさい。

[　戦国大名　　外様大名　　譜代大名　　守護大名　]　　[　　　　　　　]

(3) 江戸幕府の直轄地（幕領）と，旗本・御家人の領地の合計の石高の，全国の石高における
割合を，次から選んで書きなさい。　　　　　　　　　　　　　　　[　　　　　　　]

[　約2分の1　　約4分の1　　約6分の1　]

2 江戸時代の身分別人口を示した右の資料を見て，次の問いに答えなさい。

(1) 資料中のX・Yにあてはまる身分を，それぞれ書きなさい。

X [　　　　　　]　　Y [　　　　　　]

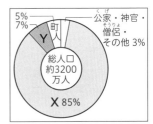

5%
7%　町人
公家・神官・
僧侶・その他 3%
Y
総人口
約3200
万人
X 85%

(2) Xのうち，①耕地をもつ人々，②耕地をもたない人々をそれ
ぞれ何といいますか。

① [　　　　　　]　② [　　　　　　]

チャレンジ

解答➡別冊p.6

右の資料を見て，次の問いに答えなさい。

(1) 資料は，九州の大名の鍋島氏の，1655
年の支出の状況です。これにみられるよ
うに，大名が江戸と領地を1年ごとに往
復したことを何といいますか。

[　　　　　　　　　]

(2) (1)に関する経費は，全体の中でどのく
らいの割合を占めていますか。

[　　　　　　　　　]

項目	銀(匁)	米(石)	割合(%)
領地での経費	88916	31237	約48
江戸屋敷での経費	731430	453	約28
江戸へ行くための経費	472000	1200	約20
大阪の蔵屋敷の経費	—	3345	約4
その他	—	468	—
合計	1292346	36703	100

銀は米に換算。匁は重さの単位　　（『日本の歴史 15 大名と百姓』による）

⓭ 鎖国

チェック

空欄をうめて，要点のまとめを完成させましょう。

【朱印船貿易と日本町〜鎖国の完成と長崎貿易】

① 徳川家康は，渡航を許可した船には［　　　　］をあたえ，貿易を奨励した。これをもった船を［　　　　］という。

② 朱印船貿易が活発になると，東南アジアに［　　　　］という日本人が住む町ができた。

③ 1612年，家康は［　　　　］を出して，幕領でキリスト教を厳しく取り締まった。

④ 1637年，九州の島原・天草地方で［　　　　］を大将とする［　　　　］がおこった。

⑤ 幕府はキリスト教信者の摘発のため，イエスの像などを踏ませる［　　　　］を強化し，信者でないことを仏教寺院に証明させる［　　　　］を行った。

⑥ 1616年，幕府はヨーロッパ船の来航を長崎・［　　　　］に制限した。また，1624年には［　　　　］船の来航を禁止，1639年には［　　　　］船の来航を禁止し，鎖国体制が固まった。

⑦ 1641年，オランダ商館が長崎の［　　　　］に移され，オランダ船と中国船のみ長崎で貿易が許された。

⑧ 1644年，中国では明がほろび，［　　　　］が成立した。

⑨ オランダ商館長には，献上品と海外事情を1年ごとに記した［　　　　］の提出が求められた。

【朝鮮との交流，琉球と蝦夷地】

⑩ 朝鮮侵略以後，朝鮮との国交はなかったが，［　　　　］藩の努力により，1609年に貿易が再開された。

⑪ 朝鮮は，日本の将軍の代がかわるたびに，［　　　　］という使節を派遣することになった。

⑫ 1609年，琉球に出兵した［　　　　］藩は琉球を領地に加えた。

⑬ 現在の北海道は［　　　　］とよばれ，アイヌの人々が住んでおり，松前藩が交易を独占していた。

⑭ 松前藩との交易に不満を抱いたアイヌの人々は，1669年，首長である［　　　　］を中心に反乱をおこすも失敗した。

鎖国への歩み	
年	できごと
1609	オランダ，平戸に商館を設置
1612	家康，幕領に禁教令を出す
1613	全国に禁教令を出す
1616	ヨーロッパ船の来航を長崎・平戸に制限
1623	イギリス，平戸の商館を閉鎖
1624	スペイン船の来航を禁止
1635	日本人の海外渡航と帰国を禁止
1637	島原・天草一揆
1639	ポルトガル船の来航を禁止
1641	オランダ商館を長崎の出島に移す

家康は，最初はキリスト教を黙認していたけれど，一向一揆のような勢力になることを恐れたんだ。

海外との窓口・長崎

・鎖国下では，海外の情報が入ってくるのは長崎のみだった。
・長崎には海外の学問を学ぼうとする人々が集まっていた。

松前藩と蝦夷地

・松前藩は，本州の米などを，蝦夷地のさけやにしんなどの海産物と交換していた。
・アイヌの人々が大量に海産物を渡すのに対し，わずかな米しか渡さないなど，不利な貿易を強いていた。

1 右の17世紀初めごろの地図を見て，次の問いに答えなさい。

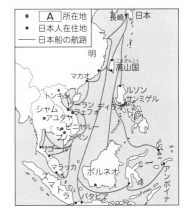

(1) 地図中の　A　にあてはまる語句を書きなさい。

〔　　　　　　　　〕

(2) このころの日本船を何といいますか。

〔　　　　　　　　〕

(3) (2)による貿易での主な輸入品と輸出品を，次のア～エから
それぞれ選びなさい。
ア 鉄砲〈てっぽう〉　イ 生糸〈きいと〉　ウ 銀　エ 香辛料〈こうしんりょう〉

輸入品〔　　　〕　　輸出品〔　　　〕

2 江戸〈えど〉時代に次の①～③の人々との関係の強かった藩を，あとのア～カからそれぞれ選びなさ
い。

①朝鮮〔　　　〕　　②琉球〔　　　〕　　③アイヌ民族〔　　　〕

ア 土佐藩〈とさ〉　　イ 松前藩〈まつまえ〉　　ウ 肥前藩〈ひぜん〉
エ 長州藩〈ちょうしゅう〉　　オ 対馬藩〈つしま〉　　カ 薩摩藩〈さつま〉

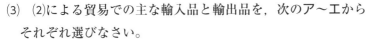

右の年表を見て，次の問いに答えなさい。

(1) 　A　～　C　にあてはまる国名の正しい組み合わせ
を，次のア～カから選びなさい。
ア A：オランダ　　B：スペイン　　C：ポルトガル
イ A：オランダ　　B：ポルトガル　C：スペイン
ウ A：スペイン　　B：オランダ　　C：ポルトガル
エ A：スペイン　　B：ポルトガル　C：オランダ
オ A：ポルトガル　B：オランダ　　C：スペイン
カ A：ポルトガル　B：スペイン　　C：オランダ

〔　　　　　　　〕

年	できごと
1613	全国に禁教令が出される
1624	A　船の来航を禁止
1635	日本人の海外渡航と帰国を禁止
1637	島原・天草一揆がおこる
1639	B　船の来航を禁止
1641	C　商館を平戸から長崎の出島に移す

(2) 下線部について，幕府がキリスト教を禁止したのはなぜですか。簡単に書きなさい。

〔　　　　　　　　　　　　　　　　　　　　　　　　　　　　　　　〕

31

⑭ 江戸時代の産業と綱吉の政治

✎ チェック

空欄をうめて，要点のまとめを完成させましょう。

【農業の発達〜三都のにぎわい】

① 江戸時代前半，田畑を深く耕せる鉄製の〔　　　　　〕や千歯こき，唐箕などの農具の改良により農業が発達した。

② いわしの油をしぼった残りを干した〔　　　　　〕という肥料が使われるようになり，いわしの需要が増え，漁業も発達した。

③ 幕府や藩は年貢米を江戸や大阪に設けた〔　　　　　〕に送り，時期をみて売りさばいた。

④ 交通も発達し，陸路では〔　　　　　〕の交通量が増えた。

⑤ 水上では，北陸・東北地方から江戸への〔　　　　　〕航路，北陸地方から大阪への〔　　　　　〕航路が整備された。

⑥ 商業活動が活発になると，都市の大商人は〔　　　　　〕という同業者団体をつくり，力をつけていった。

⑦ 各地で都市が発達し，中でも江戸・大阪・京都が代表的で，人口の半分が武家であった江戸は「〔　　　　　〕」，経済の中心地であった大阪は「〔　　　　　〕」とよばれた。

【綱吉の政治・元禄文化】

⑧ 5代将軍〔　　　　　〕は，軍事力ではなく，制度や儀礼を整えることで幕府の権威を維持しようとした。

⑨ 徳川綱吉は，〔　　　　　〕という動物愛護令を出し，人々を苦しめた。また，質の悪い貨幣を発行して経済を混乱させた。

⑩ 徳川綱吉の死後，6代・7代将軍に仕えた朱子学者の〔　　　　　〕が政治の立て直しを行った。これを〔　　　　　〕という。

⑪ 徳川綱吉のころ，京都・大阪を中心に栄えた町人文化を〔　　　　　〕という。

⑫ 井原西鶴は，〔　　　　　〕という形式の小説で町人や武士の姿を描き，〔　　　　　〕は歌舞伎や人形浄瑠璃の脚本を書いた。

⑬ 〔　　　　　〕は，町人の風俗を題材に浮世絵を描いた。

新田開発

・江戸時代前半は耕地の開墾が進み，18世紀初めごろの耕地面積は，太閤検地のころの約2倍になった。

・幕府や藩は年貢米の増収をはかるために開墾を進めた。

江戸時代の交通

地図：
0　200km
日光道中
甲州道中
中山道
西廻り航路
日本海
長崎
京都
大阪
甲府
日光
江戸
東廻り航路
奥州道中
太平洋
東海道
江戸・大阪間の航路
（菱垣廻船・樽廻船）

両替商

・江戸では金貨，大阪や京都では銀貨が主に使われた。

・金貨と銀貨を交換する両替商が繁栄した。

儒学の奨励

・綱吉は，儒学を重んじ，湯島に聖堂を建てた。

・聖堂付近の学問所では朱子学の講義が行われた。

新井白石の政治

・生類憐みの令を廃止。

・貨幣の質をもとに戻し，物価の安定をはかった。

・長崎貿易を制限して，金銀の海外流出をおさえた。

文化には，その時代に活躍した人々の影響が出るよ。

チェックの解答 ①備中ぐわ　②干鰯　③蔵屋敷　④五街道　⑤東廻り，西廻り　⑥株仲間　⑦将軍のおひざもと，天下の台所　⑧徳川綱吉　⑨生類憐みの令　⑩新井白石，正徳の治　⑪元禄文化　⑫浮世草子，近松門左衛門　⑬菱川師宣

解答 ➡ 別冊p.7

トライ

1 右の地図を見て，次の問いに答えなさい。

(1) 地図中の A ～ C にあてはまる街道名をそれぞれ書きなさい。

A [　　　　　　]
B [　　　　　　]
C [　　　　　　]

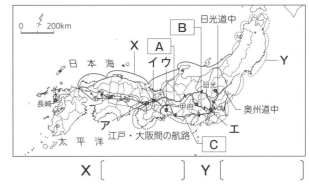

(2) 地図中のXとYの航路名を書きなさい。

X [　　　　　　] Y [　　　　　　]

(3) 「天下の台所」とよばれた都市を，地図中のア～エから選びなさい。 [　　　　]

2 次の各文の下線部が正しければ○，誤っていれば正しい語句を書きなさい。

① 18世紀の初期，太閤検地のころと比べ，耕地面積は約5倍に増えた。 [　　　　　]
② 千歯こきは，風の力で米粒ともみがらを選別する農機具である。 [　　　　　]
③ 綿・菜種・藍など，売って現金を得るための農作物を商品作物という。 [　　　　　]
④ 京都の特産物として，絹織物の西陣織がある。 [　　　　　]
⑤ 堺・長崎・博多・新潟などは，城下町として栄えた。 [　　　　　]

3 人物と分野，作品の組み合わせが正しいものを，次のア～カから2つ選びなさい。

ア 新井白石—朱子学—「新古今和歌集」
イ 井原西鶴—浮世草子—「日本永代蔵」
ウ 菱川師宣—浮世絵—「風神雷神図屛風」
エ 俵屋宗達—装飾画—「紅白梅図屛風」
オ 近松門左衛門—人形浄瑠璃—「曽根崎心中」
カ 松尾芭蕉—軍記物—「奥の細道」

[　　　　] [　　　　]

チャレンジ

解答 ➡ 別冊p.7

右の資料を見て，次の問いに答えなさい。

(1) 資料において，農地の増大が最も大きい期間は，どの時期からどの時期の間ですか。

[　　　　　]から[　　　　　]の間

(2) 資料のように，農地面積が増大した理由を，「年貢」「新田」の語句を使って簡単に書きなさい。

[　　　　　　　　　　　　　　　　　]

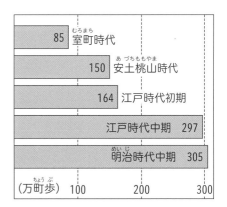

15 享保の改革と寛政の改革

チェック

空欄をうめて，要点のまとめを完成させましょう。

【享保の改革・貨幣経済の拡大と百姓一揆】

① 江戸幕府8代将軍［　　　　　］は幕府政治の立て直しのため，［　　　　　］を行った。

② 江戸城の門前に［　　　　　］を設置し，人々から広く意見を求めた。また，裁判の基準となる［　　　　　］を編さんした。

③ 幕府の財政は一時的に立ち直ったが，江戸では物価の上昇に苦しむ人々が，米の買い占めをした商人の店をおそう［　　　　　］がおこった。

④ 農村では，年貢の増徴やききんなどに苦しむ農民たちが［　　　　　］をおこして抵抗した。

享保の改革
・倹約令を出し，武芸を奨励した。
・大名たちに参勤交代による江戸滞在期間を半減するかわりに米を献上させる，上げ米の制を行った。

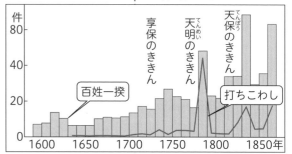
（グラフ）件数　百姓一揆　打ちこわし
享保のききん　天明のききん　天保のききん
1600　1650　1700　1750　1800　1850年

【田沼の政治・寛政の改革】

⑤ 徳川吉宗の死後，1772年に側用人から老中になった［　　　　　］が政治改革を行った。

⑥ 商人に［　　　　　］の結成をすすめ，保護するかわりに営業税を納めさせた。

⑦ 徳川吉宗の孫の［　　　　　］は，1787年に老中となり，［　　　　　］を行った。

⑧ 借金をしていた旗本・御家人の救済のために，［　　　　　］を出して，札差からの借金を帳消しにした。

⑨ 幕府の学校では［　　　　　］以外の学問は異端とし，禁止した。

田沼の政治
・商人の経済力を利用して財政の立て直しをはかった。
・大商人の資本を利用して，印旛沼の干拓を計画した。
・こうした商人との癒着から，わいろが横行した。

寛政の改革
・農村の復興と商業活動の抑制による立て直しをはかった。
・ききんに備え，穀物をたくわえさせた。
・改革があまりに厳しく，武士や庶民からは不評であった。

【社会の変動と工場制手工業の出現】

⑩ 19世紀の農村では，質流しなどで土地を手放した貧しい農民は［　　　　　］となり，地主から土地を借りて耕作したり，さまざまな仕事で収入を得ようとしたりした。

⑪ 製糸や織物業では，材料や道具などを農民に貸し，加工製品を買い上げる［　　　　　］のしくみが出現した。

⑫ さらに，作業場に労働者を集め，分業と協業により生産を行う［　　　　　］のしくみも出現した。

工場制手工業の代表的な例
・桐生・足利→絹織物業
・野田→しょうゆ製造業
・伏見・伊丹→酒造業

チェックの解答 ①徳川吉宗，享保の改革　②目安箱，公事方御定書　③打ちこわし　④百姓一揆　⑤田沼意次　⑥株仲間　⑦松平定信，寛政の改革　⑧棄捐令　⑨朱子学　⑩小作人　⑪問屋制家内工業　⑫工場制手工業（マニュファクチュア）

1 右の年表を見て，次の問いに答えなさい。

(1) 年表中の X にあてはまる人物名と，その人物
が行った改革を何というか書きなさい。

人物名 〔　　　　　　　　〕

行った改革 〔　　　　　　　　〕

年	できごと
1716	X が 8 代将軍になる
1772	Y が老中となる
1782	天明のききん
1787	松平定信が老中となる

(2) 年表中の Y の人物は，商人の経済力を利用して財政を立て直しましたが，わいろが横行するようになり，失脚しました。この人物の名前を書きなさい。

〔　　　　　　　　　　　〕

(3) 下線部の人物が行った政策を，次のア～カからすべて選びなさい。

ア　棄捐令を出す。　　　イ　蝦夷地開発を計画する。　　　ウ　長崎貿易を奨励する。

エ　寛政異学の禁を行う。　　オ　百姓を農村に帰らせる。　　カ　米をたくわえさせる。

〔　　　　　　　　〕

2 工業生産について，次の①～③の説明にあてはまるものを，あとのア～ウからそれぞれ選びなさい。

① 農民が作物を自分で加工して問屋に売る工業。

② 問屋が農民に資金や道具，材料などを貸し，製品を買い取る工業。

③ 工場をつくり，人を雇って分業と協業で製品を作る工業。

ア　問屋制家内工業　　　イ　家内工業　　　ウ　工場制手工業

① 〔　　　　〕　　② 〔　　　　〕　　③ 〔　　　　〕

右の資料を見て，次の問いに答えなさい。

(1) 資料から読み取れる農家戸数割合の変化を，「石高」の語句を使って簡単に説明しなさい。

〔　　　　　　　　　　　　　　　　　　〕

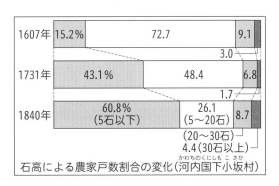

石高による農家戸数割合の変化 (河内国下小坂村)

(2) (1)の変化から考えられる農村のようすを，「豊か」「貧しい」の語句を使って簡単に書きなさい。

〔　　　　　　　　　　　　　　　　　　〕

35

16 江戸時代の学問と天保の改革

チャート式シリーズ参考書 >>
第3章 7 ⑫〜⑮

チェック

空欄をうめて，要点のまとめを完成させましょう。

【国学と蘭学】

① 18世紀ごろ，日本の古典文学を見直そうとする国学がおこり，〔　　　　　〕が「古事記伝」を完成させた。

② オランダ語の書物を通してヨーロッパの学術・文化を学ぶ〔　　　　　〕もさかんになった。

③ 〔　　　　　〕は前野良沢らとともに，オランダ語の医学書を翻訳し，「〔　　　　〕」を出版した。

④ 〔　　　　　〕は，全国の沿岸を測量して日本地図を作成した。

> 医学・天文学・地理学などの分野が熱心に研究されたよ。

【化政文化】

⑤ 19世紀初め，江戸の町人を中心とする〔　　　　　〕が栄えた。

⑥ 〔　　　　　〕は「東海道中膝栗毛」を書き，曲亭(滝沢)馬琴は歴史や伝説を題材に「〔　　　　　〕」などの長編小説を書いた。

⑦ 絵画では，多色刷りの浮世絵の〔　　　　〕が広まり，特に〔　　　　　〕や歌川(安藤)広重らの風景画が有名。

⑧ 町や農村には〔　　　　〕が開かれ，読み・書き・そろばんなどを学ぶ民衆が増えた。

化政文化

- 文化・文政年間に栄えた。
- 俳諧では，与謝蕪村，小林一茶が活躍した。
- 庶民の間では，世の中を風刺した川柳や狂歌が流行した。

【外国船の接近】

⑨ 1792年に根室に来航したロシア人〔　　　　〕や，1804年に長崎に来航した〔　　　　〕は，幕府に通商を求めたが，幕府は拒否した。

⑩ 1825年，幕府は〔　　　　〕を出し，接近した外国船に砲撃し追い返すように命じた。

⑪ 蘭学者の渡辺崋山・高野長英らは，幕府の外国船砲撃を批判したため，幕府から処罰を受けた。これを〔　　　　〕という。

【天保の改革】

⑫ 1830年代に天保のききんが全国をおそい，1837年，大阪では元役人の〔　　　　〕が町の人々を救おうと反乱をおこした。

⑬ 1841年，老中の〔　　　　〕は天保の改革を始め，人返し令や〔　　　　〕の解散，上知令などの政策を打ったが，大名などの反発にあい，2年余りで失脚した。

江戸時代の三大改革

享保の改革	・人物…徳川吉宗 ・年代…1716〜1745年 ・主な政策… 　上げ米の制 　足高の制 　目安箱の設置 　公事方御定書
寛政の改革	・人物…松平定信 ・年代…1787〜1793年 ・主な政策… 　棄捐令 　寛政異学の禁
天保の改革	・人物…水野忠邦 ・年代…1841〜1843年 ・主な政策… 　人返し令 　株仲間の解散 　上知令

1 右の地図を見て，次の問いに答えなさい。

(1) ラクスマンが1792年に来航した場所を，地図中のア～エ
から選びなさい。〔　　　　　〕

(2) 長崎に1804年に来航し，通商を求めたロシア人を，次か
ら選んで書きなさい。〔　　　　　　　〕

〔　ハリス　　ペリー　　ザビエル　　レザノフ　〕

(3) 鎖国政策を批判して幕府に処罰された人物を，次から選ん
で書きなさい。

〔　間宮林蔵　　前野良沢　　伊能忠敬　　高野長英　〕

〔　　　　　　　　〕

2 江戸時代の文化・改革について，次の問いに答えなさい。

(1) 次の①～④の江戸時代の文化に関する説明が正しければ○，誤っていれば×を書きなさい。

① 歌川(安藤)広重は浮世絵師で，代表作に富嶽三十六景がある。　　　　　　　　　　〔　　　　〕

② 和歌の形式で世相などへの風刺・皮肉を表す作品を川柳という。　　　　　　　　　〔　　　　〕

③ 本居宣長は「古事記伝」を書いて国学を大成した。　　　　　　　　　　　　　　　〔　　　　〕

④ 曲亭(滝沢)馬琴は，「南総里見八犬伝」などの長編小説を書いた。　　　　　　　　〔　　　　〕

(2) 水野忠邦の改革に関係するものを，次のア～カから2つ選びなさい。

ア　長崎貿易を拡大した。　　イ　株仲間を解散させた。　　ウ　棄捐令を出した。

エ　足高の制を定めた。　　　オ　米をたくわえさせた。　　カ　上知令を出した。

〔　　　　〕〔　　　　〕

右の資料は杉田玄白の回想録の一部です。これを読んで，次の問いに答えなさい。

(1) 下線部「ターヘル・アナトミア」はドイツ語で書かれた書物
が，別の国の言葉に翻訳されたものです。それはどの国の言葉
ですか。〔　　　　　　　〕

(2) (1)の言葉で西洋の科学などを学ぶ学問がさかんになった理由
を，関係した将軍名を示して簡単に書きなさい。

〔

なんとかしてこの「ターヘル・アナトミア」の一冊でも，新しく翻訳してみることはできないのでしょうか。そうすれば，身体の内外のこともよくわかり，今日の治療に大きな利益となるに違いありません。

1 15世紀から16世紀にかけてのヨーロッパの海外進出について，次の問いに答えなさい。

(1) ヨーロッパの人々はアジアに何を求めてやってきましたか。

〔　　　　　　　　　〕

(2) 大西洋を横断し，西インド諸島へ到達した人物の名前を書きなさい。

〔　　　　　　　　　〕

(3) 1543年，九州に漂着したポルトガル人によって日本に伝わったものは何ですか。

〔　　　　　　　　　〕

(4) 1549年，鹿児島に上陸し，日本にキリスト教を伝えた宣教師の名前を書きなさい。

〔　　　　　　　　　〕

2 次の文を読んで，あとの問いに答えなさい。

> 応仁の乱後の日本は，各地に戦国大名が割拠していたが，a織田信長が今川義元を破り，全国統一へと乗りだした。信長は1573年に室町幕府をほろぼし，b仏教勢力をおさえ，c商工業の発展のための政策を行った。しかし，1582年，家臣であった□□□□に攻められ自害した。その後，豊臣秀吉が統一事業を進め，1590年についに全国を統一した。

(1) 下線部aの戦いを何といいますか。　　　　　〔　　　　　　　〕

(2) 下線部bをおさえるために，織田信長が行ったことを2つ書きなさい。

〔　　　　　　　〕〔　　　　　　　〕

(3) 下線部cについて，織田信長が行った政策を何といいますか。また，その政策の内容を簡単に書きなさい。

政策の名前〔　　　　　　〕　内容〔　　　　　　　

(4) □□□□にあてはまる人物の名前を書きなさい。　　〔　　　　　　　〕

(5) 豊臣秀吉の統一事業について，次の問いに答えなさい。

① 度量衡を統一して行った，全国的な土地の調査を何といいますか。〔　　　　　〕

② 一揆防止のために，農民から武器を没収したことを何といいますか。

〔　　　　　　　〕

③ ①②により，人々の身分が明確に区別されたことを何といいますか。

〔　　　　　　　〕

(6) 織田信長，豊臣秀吉のころの文化について，次の問いに答えなさい。

① このころの豪華で雄大な特色をもった文化を何といいますか。〔　　　　　〕

② 茶の湯を茶道として大成させた人物の名前を書きなさい。〔　　　　　〕

③ 「唐獅子図屏風」を描いた人物を，次のア～エから選びなさい。〔　　　〕

ア 雪舟　　イ 尾形光琳　　ウ 狩野永徳　　エ 俵屋宗達

④ 出雲の阿国という女性が始めたおどりは，何の源流といわれていますか。

〔　　　　　　　〕

3 次の文を読んで，あとの問いに答えなさい。

> 豊臣秀吉の死後，家臣内の内部対立から，東軍と西軍に分かれ，1600年に a 天下分け目の戦いがおこった。この戦いに勝利した徳川家康は，江戸幕府を開いた。
> 　幕府は大名を統制するために，武家諸法度を定め，b 参勤交代を制度化した。対外関係としては，当初は外国との貿易を認めていたが，1613年，全国に c 禁教令を出した。1637年，d 九州でキリスト教徒による一揆がおこると，1639年にはポルトガル船の来航を禁止，1641年にオランダ商館を出島に移し，鎖国体制が固まった。

(1) 下線部 a の戦いを何といいますか。　　　　　　　　　　　〔　　　　　　　　〕

(2) 江戸幕府の幕府と藩が土地と人民を支配するしくみを何といいますか。〔　　　　　　　〕

(3) 江戸時代の大名は3種類に分けられましたが，その中で徳川家の親戚の大名は何とよばれましたか。　　　　　　　　　　　　　　　　　　　　　　　〔　　　　　　　　〕

(4) 下線部 b が制度化したときの将軍の名前を書きなさい。　　〔　　　　　　　　〕

(5) 下線部 c について，江戸幕府が禁教令を出した理由を簡単に書きなさい。
〔　　　　　　　　　　　　　　　　　　　　　　　　　　　　　　　　　　　　　　〕

(6) 下線部 d の一揆のあと，江戸幕府がキリスト教徒の摘発のため強化したことは何ですか。
〔　　　　　　　　　　　　　　　　　　　　　　　　　　　　　　　　　　　　　　〕

4 右の年表を見て，次の問いに答えなさい。

(1) 下線部 a を出した人物の名前を書きなさい。
〔　　　　　　　　〕

(2) 下線部 b，c，d について，次の問いに答えなさい。

① それぞれの改革を行った人物を書きなさい。

　　　　　　　　　b 〔　　　　　　　〕
　　　　　　　　　c 〔　　　　　　　〕
　　　　　　　　　d 〔　　　　　　　〕

年	できごと
1685	a 生類憐みの令が出される
1716	b 享保の改革
1772	田沼意次，老中となる
1787	c 寛政の改革
1825	が出される
1833	天保のききん
1841	d 天保の改革

② それぞれの改革の主な政策を，次のア～カからすべて選びなさい。

ア　棄捐令　　　　イ　上げ米の制　　　ウ　人返し令
エ　寛政異学の禁　オ　目安箱の設置　　カ　株仲間の解散

　　　　　b 〔　　　　〕　c 〔　　　　〕　d 〔　　　　〕

(3) 　　　には，幕府が通商を求めてやって来る外国船に対して出した命令が入ります。
　　　にあてはまる語句を書きなさい。　　　　　　　〔　　　　　　　　〕

(4) このころに栄えた文化について，人物と作品の組み合わせが正しいものを，次のア～エから2つ選びなさい。

ア　井原西鶴―「東海道中膝栗毛」　　　イ　松尾芭蕉―「奥の細道」
ウ　菱川師宣―「紅白梅図屏風」　　　　エ　葛飾北斎―「富嶽三十六景」

　　　　　　　　　　　　　　　　　　　　　〔　　　　〕〔　　　　〕

17 欧米諸国の動向

チャート式シリーズ参考書 »
第4章 8 ①～⑥

チェック

空欄をうめて，要点のまとめを完成させましょう。

【イギリスの市民革命・アメリカの独立革命・フランス革命】

① 16世紀ごろのイギリスでは [   ] という，国王による専制政治が行われていた。

② 1642年，議会派と国王軍との間で [   ] 革命がおこり，1688年の [   ] 革命で国王を追放し，1689年に「[   ]」を出し，議会政治が確立した。

③ 北アメリカには [   ] による植民地が建設されていたが，1775年に独立戦争が始まった。

④ 1776年，北アメリカの各植民地の代表が [   ] を発表し，初代大統領には [   ] が選ばれた。

⑤ 絶対王政下のフランスでは啓蒙思想が広まり，モンテスキューは「法の精神」で [   ] を，ルソーは「社会契約論」で [   ] を主張した。

⑥ 1789年，国王ルイ16世が国民議会に武力行使しようとしたことに対し，民衆は立ち上がり，[   ] 牢獄をおそい，フランス革命が始まった。

⑦ 1789年，国民議会は「[   ]」を出して，1792年に共和政をしき，翌年には国王を処刑した。

【産業革命・資本主義の確立】

⑧ 18世紀に入り，イギリスでは工場制機械工業が出現し，[   ] が始まった。

⑨ 工場制機械工業が確立すると，資本家と労働者からなる [   ] 社会が出現した。

【19世紀の欧米諸国】

⑩ 小国に分かれていたドイツでは，プロシア首相 [   ] のもとで統一が進み，ドイツ帝国が成立した。

⑪ 北部と南部で対立していたアメリカでは，1861年に [   ] がおこり，大統領の [   ] が奴隷解放宣言を出し，世論を味方につけ，北部が勝利をおさめた。

ポイント

権利章典（部分）

第1条 国王は議会の承認なしに法律を停止してはならない。

第6条 議会の同意なく平時に軍隊を召集してはならない。

第9条 議会における言論・討議は自由で，議会以外でそれを批判してはならない。

独立宣言（部分）

われわれは，自明の真理として次のことを信ずる。すなわち，すべての人は平等につくられ，創造主によってあたえられた一定のおかすことのできない権利をもち，その中には，生命・自由および幸福を追求することが含まれていること。

人権宣言（部分）

第1条 人間は生まれながらにして自由で平等な権利をもっている。

第3条 すべての主権の根源は本来国民の中にある。

資本主義社会の問題

・資本家は製品を安く，多く売ることで利益をあげようとしたため，労働者を低賃金で，長時間働かせた。

・ドイツのマルクスは「資本論」を著し，社会主義を主張した。

アメリカ北部と南部の対立

・北部…工業化を推進。奴隷制に反対。保護貿易を主張。

・南部…黒人奴隷による農業がさかん。自由貿易を主張。

チェックの解答 ①絶対王政 ②ピューリタン（清教徒），名誉，権利章典 ③イギリス ④独立宣言，ワシントン ⑤三権分立，人民主権 ⑥バスティーユ ⑦人権宣言 ⑧産業革命 ⑨資本主義 ⑩ビスマルク ⑪南北戦争，リンカン

1 右の年表を見て，次の問いに答えなさい。

(1) 下線部 a に関係する人物を，次のア～エから選
びなさい。

ア　クロムウェル　　イ　エリザベス1世
ウ　コロンブス　　　エ　ナポレオン

〔　　　　　〕

年	できごと
16世紀	a 絶対王政（イギリス）
1642	ピューリタン（清教徒）革命
1661	ルイ14世による政治開始
1688	b 名誉革命
1748	c「法の精神」が出る
1762	d「社会契約論」が出る
1775	アメリカ独立戦争
1789	e フランス革命

(2) 下線部 c，d の著者名をそれぞれ書きなさい。

c〔　　　　　〕　　d〔　　　　　〕

(3) 下線部 b，e と関係が深いものを，次のア～エからそれぞれ選びなさい。

ア　南京条約　　イ　権利章典　　ウ　人権宣言　　エ　独立宣言

b〔　　　　　〕　　e〔　　　　　〕

2 18～19世紀のアメリカについて，次の問いに答えなさい。

(1) 1775年に始まった独立戦争で，司令官として活躍し，のちに初代大統領となった人物の
名前を書きなさい。

〔　　　　　　　　〕

(2) 1861年におこったアメリカ南北戦争の原因について，次のア～カのことがらを，北部と
南部の主張または特徴に分けて，それぞれ記号で書きなさい。

ア　奴隷制に賛成　　　イ　奴隷制に反対　　　ウ　保護貿易を主張
エ　自由貿易を主張　　オ　農業がさかん　　　カ　商工業がさかん

北部〔　　　　　〕　　南部〔　　　　　〕

フランス革命について，次の問いに答えなさい。

(1) モンテスキューが著作の中で説いた，現在の日本の政治にもみられる政治権力のあり方は，
フランス革命に影響をあたえました。この政治権力のあり方を何といいますか。

〔　　　　　　　　〕

(2) フランス革命前の旧体制はどのようなものでしたか。「貧富」「第三身分」「税」の語句を
使って，簡単に説明しなさい。

〔　　　　　　　　　　　　　　　　　〕

18 開国と江戸幕府の滅亡

🖊 チェック

空欄をうめて，要点のまとめを完成させましょう。

【ヨーロッパのアジア侵略】

① 1840年，イギリスと清との間で［　　　　　　］戦争がおこった。
清を降伏させたイギリスは，清にとって不平等な［　　　　　　］を
結んだ。

② 敗戦後，重税を課した清政府に対し，民衆の不満が高まり，
［　　　　　　］の乱がおこった。

【ペリーの来航と日米和親条約・日米修好通商条約と開国後の社会】

③ 1853年，アメリカ東インド艦隊司令長官の［　　　　　　］が
浦賀沖に来航し，開国を求めた。

④ 1854年，幕府はペリーと［　　　　　　］を結んで開国し，
［　　　　　　］と函館の2港を開港した。

⑤ アメリカ総領事の［　　　　　　］は幕府に通商条約の締結を
求め，1858年，大老の［　　　　　　］が［　　　　　　］に調印した。

⑥ この通商条約には［　　　　　　］権を認め，［　　　　　　］権が
ない，という日本にとって不平等な内容が含まれていた。

開港地

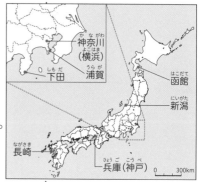

・日米和親条約…函館・下田
・日米修好通商条約
…函館・神奈川(横浜)・長崎・
新潟・兵庫(神戸)

【攘夷から倒幕へ・大政奉還と王政復古】

⑦ 井伊直弼は，1858〜59年にかけて，［　　　　　　］を行い，開国
反対派の大名や，攘夷論を唱える長州藩の吉田松陰らを処罰した。

⑧ 1860年，［　　　　　　］の変で，井伊直弼は水戸藩などの浪士に暗
殺された。

⑨ 攘夷論と天皇の権威を強調する尊王論が結びつき，幕府に対抗
する［　　　　　　］運動に発展した。

⑩ 外国との戦いで攘夷は不可能だと知った薩摩藩と長州藩は，土
佐の［　　　　　　］の仲介で［　　　　　　］を結び，倒幕をめざした。

⑪ 1867年，15代将軍の［　　　　　　］は，政権を朝廷に返す［　　　　　　］
を行った。これに対して朝廷は王政復古の大号令を出し，天皇
中心の政治へ戻すことを宣言した。

⑫ 1868年，新政府軍と旧幕府軍との間で鳥羽・伏見の戦いから始
まる［　　　　　　］がおこったが，翌年，旧幕府軍が降伏し戦いは
終結した。

薩摩藩と長州藩

・薩英戦争…1862年におこした
生麦事件の報復として，薩摩
藩はイギリスから砲撃を受け
た。

・下関戦争…外国船に砲撃した
長州藩は，イギリス・アメリ
カ・フランス・オランダの連
合艦隊に攻撃された。

・両藩は，外国の強さを見て，
攘夷は不可能と知り，幕府を
倒し強い統一国家をつくるべ
きだ，と方向転換した。

チェックの解答 ①アヘン，南京条約 ②太平天国 ③ペリー ④日米和親条約，下田 ⑤ハリス，井伊直弼，日米修好通商条約
⑥領事裁判，関税自主 ⑦安政の大獄 ⑧桜田門外 ⑨尊王攘夷 ⑩坂本龍馬，薩長同盟 ⑪徳川慶喜，大政奉還 ⑫戊辰戦争

解答 ➡ 別冊p.9

トライ

1 黒船来航の関係地を示した右の地図を見て，次の問いに答えなさい。

(1) 1853年にペリーが来航した場所を，地図中のA〜Gから選びなさい。　〔　　　　〕

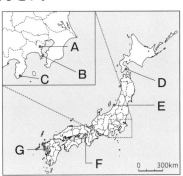

(2) 日米和親条約と日米修好通商条約の，両方の開港地となった場所を，地図中のA〜Gから選びなさい。　〔　　　　〕

(3) 地図中のAで，藩士が外国人を殺傷する生麦事件がおこり，報復として，外国の艦隊に攻められた藩はどこですか。

〔　　　　　　　　　〕

2 幕末の動きについて，次の問いに答えなさい。

(1) 次の文の下線部①〜⑤が正しければ○，誤っていれば正しい語句を書きなさい。

開国後，貿易が始まると①綿織物・茶などが輸出され，品不足から国内価格が②下降した。いっぽう，③安政の大獄で井伊直弼が暗殺されると，幕府は勢力の回復をはかり，朝廷の権威と結びつこうとする④公武合体策をとった。また，長州藩では木戸孝允・高杉晋作らが，⑤土佐藩では西郷隆盛・大久保利通らが実権をにぎり，倒幕へと進んだ。

① 〔　　　　　　〕　　② 〔　　　　　　〕　　③ 〔　　　　　　〕
④ 〔　　　　　　〕　　⑤ 〔　　　　　　〕

(2) 次のア〜エのできごとを，年代の古いものから順に記号で書きなさい。

ア　大政奉還　　イ　薩長同盟　　ウ　安政の大獄　　エ　戊辰戦争

〔　　　　→　　　　→　　　　→　　　　〕

チャレンジ

解答 ➡ 別冊p.10

次の問いに答えなさい。

(1) 日米修好通商条約が結ばれて本格的な貿易が始まると，日本の大幅な輸出超過にもかかわらず，大量の金(金貨)が日本から外国に流出しました。その主な理由を簡単に書きなさい。

〔　　　　　　　　　　　　　　　　　　　　　　　　　　　　　〕

(2) 右の資料は，1865年の貿易のようすです。日本と条約を最初に結んだアメリカとの貿易が少ない理由を，当時のアメリカの状況を考えて，簡単に書きなさい。

〔　　　　　　　　　　　　　　　　　　〕

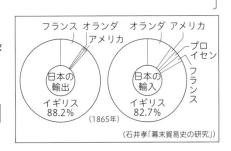

(石井孝「幕末貿易史の研究」)

19 明治維新

チェック

空欄をうめて，要点のまとめを完成させましょう。

【明治維新】

① 明治新政府による，政治・経済・社会にわたる改革を〔　　　　　〕という。

② 1868年，天皇は神々に誓う形で〔　　　　　〕を出し，新政府の方針を示した。

③ 年号は明治に改められ，江戸は〔　　　　　〕と改称され実質的な首都となった。

【廃藩置県】

④ 1869年，政府は全国の藩主に領地と領民を天皇に返上させた。これを〔　　　　〕という。

⑤ 1871年，政府は藩を廃止して，県を置く〔　　　　　〕を行った。これにより〔　　　　〕国家が実現した。

【古い身分制度の廃止】

⑥ 江戸時代の身分制度を廃止し，皇族以外はすべて平等とされた。これを〔　　　　〕という。

⑦ 1871年には，えた・ひにんの差別的な呼称をやめ，平民とする，〔　　　　〕が出されたが，実際には差別は残ったままだった。

【学制の公布と徴兵令】

⑧ 1872年，政府は〔　　　　〕を定め，全国に小学校をつくった。

⑨ 1873年，〔　　　　〕が出され，20歳以上の男子は兵役を義務づけられた。

【地租改正と殖産興業】

⑩ 政府は財政安定のため，〔　　　　〕条例を公布した。土地の地価を定め，土地の所有者には〔　　　　〕を発行し，地価の３％を地租として，現金で納めさせた。

⑪ 近代産業の育成のため，欧米から技術者を招き，新しい技術や知識を導入した。この政策を〔　　　　〕という。

ポイント

五榜の掲示

・1868年，政府が５枚の立て札を立てて，庶民の守るべきことを示した。

・徒党・強訴・逃散の禁止，キリスト教の禁止などが示された。

一世一元の制

・明治に改元した際に，天皇一代の間には年号を変えないことを定めた。

幕府はなくなっても，藩はまだ大名が支配していたから，政府による全国統一の効果が薄かったけれど，これらの政策によって，政府は直接支配を実現できたんだ。

新しい身分制度

・公家や大名は華族，武士は士族，百姓や職人・商人は平民とされた。

学制・徴兵制への反発

・学制では，男女とも初等教育を受けることが義務づけられたが，農村では子どもたちは貴重な労働力であり，反対する一揆もおこった。

・徴兵制度は，平民にとっては新たな負担であり，今まで武力を独占してきた士族の特権を奪うことにもなり，双方から反発を受けた。

官営模範工場

・産業の近代化をめざし，政府が設立・運営した工場。

・群馬県の富岡製糸場が代表的。

チェックの解答 ①明治維新　②五箇条の御誓文　③東京　④版籍奉還　⑤廃藩置県，中央集権　⑥四民平等　⑦解放令　⑧学制　⑨徴兵令　⑩地租改正，地券　⑪殖産興業

1 右の資料を見て，次の問いに答えなさい。

(1) 資料は，明治新政府の政治方針を示す文書の一部です。これを何といいますか。 〔　　　　　　　　〕

(2) 資料が出された1868年のできごととして誤っているものを，次のア～エから選びなさい。
ア　明治と改元する。　　イ　五榜の掲示が出される。
ウ　戊辰戦争が始まる。　エ　解放令が出される。
〔　　　　　　　　〕

> 一、広ク会議ヲ興シ万機
> 公論ニ決スヘシ
> ……（中略）……
> 一、智識ヲ世界ニ求メ大
> ニ皇基ヲ振起スヘシ

(3) 資料の下線部「智識ヲ世界ニ求メ」について，次の問いに答えなさい。
① 政府は重要な輸出品である生糸の製造について，海外から専門の技術者を雇い，民間の模範となる工場をつくりました。このような工場を何といいますか。 〔　　　　　　　　〕
② 群馬県につくられた①の工場名を書きなさい。 〔　　　　　　　　〕

2 明治維新の政策として定められた学制と徴兵令についての説明として適切なものを，次のア～エから選びなさい。
ア　学制に反対する一揆が全国でおきたが，徴兵令に反対する勢力はなかった。
イ　学制は人々に歓迎されたが，徴兵令に反対する一揆が全国でおきた。
ウ　いずれの政策も，税以外の負担を負わされるものとして反対の一揆がおきた。
エ　いずれの政策も，日本の近代化をすすめるものとして人々に歓迎された。
〔　　　　　　　　〕

右の資料は，地租改正のときに発行された書類の一部を読みやすくしたものです。これを見て，次の問いに答えなさい。

(1) 資料中の □ にあてはまる，書類の名称を書きなさい。
〔　　　　　　　　〕

(2) 資料から，明治10(1877)年以後，税率が変更されたことが読み取れます。このとき，税率はどう変化しましたか。その理由も含めて，簡単に書きなさい。
〔　　　　　　　　〕

> ○○国○○郡○○村○○番
> 一　田壹反三歩　同国同郡同村
> 持主
> ○○○
> ○○○
> 地価四拾三円三拾六銭六厘
> 此百分ノ三金　壱円　三拾銭壱厘　地租
> 明治十年ヨリ
> 此百分ノ三金　壱円　三拾銭壱厘　地租
> 此百分ノ二ケ半金　壱円　八銭四厘　地租

20 明治政府の外交政策

✏️ チェック

空欄をうめて，要点のまとめを完成させましょう。

【岩倉使節団・朝鮮との外交】

① 1871年，政府は〔　　　　　　　〕を全権大使とした岩倉使節団を欧米に派遣した。

② 〔　　　　　　　〕・板垣退助らは，鎖国政策をとる朝鮮に対し，武力を行使してでも国交をせまろうとする〔　　　　　　　〕を主張した。

③ 1875年，朝鮮の沿岸付近で演習などを行っていた日本の軍艦に対し，朝鮮側が砲撃した〔　　　　　　　〕事件がおこった。これをきっかけに，翌年には〔　　　　　　　〕を結び，開国させた。

【領土の確定】

④ 1871年，清との間で結ばれた〔　　　　　　　〕は，日本が外国と結んだ初めての対等な条約であった。

⑤ 琉球は，薩摩藩と清の両方に服属していたため，政府は1872年に〔　　　　　　　〕を置いて所有を主張したが，清は認めなかった。

⑥ 1879年，政府は軍事力で琉球藩を廃止し，〔　　　　　　　〕を置いた。これを〔　　　　　　　〕という。

⑦ 北方領土に関しては，1875年にロシアと〔　　　　　　　〕を結び，樺太はロシア領，千島列島は日本領と確定した。

【文明開化】

⑧ 明治初期の急速な近代化・洋風化の風潮を〔　　　　　　　〕という。

⑨ 生活面では，牛肉を食べるようになり，建物もれんが造りの洋館が建てられ，髪を切り〔　　　　　　　〕を着る人も現れた。

⑩ 特に都市の近代化は進み，東京銀座では1874年に〔　　　　　　　〕が点灯し，1880年代には電灯がともった。

⑪ 1872年には新橋〜横浜間に〔　　　　　　　〕が開通した。市内では〔　　　　　　　〕や鉄道馬車が走るようになった。

⑫ 1872年，太陰暦にかわって，〔　　　　　　　〕が採用された。

⑬ 〔　　　　　　　〕は「学問のすゝめ」を，〔　　　　　　　〕はルソーの「社会契約論」を翻訳し「民約訳解」を著した。

ポイント

岩倉使節団
・目的…欧米の文化・制度などの視察
・不平等条約(日米修好通商条約)の改正交渉を行おうとして失敗した。
・留学生として同行した津田梅子は，のちに女子教育の発展に貢献した。

朝鮮と結んだ条約は，朝鮮にとって不平等な内容だったよ。

尖閣諸島と竹島
・石垣島の北に位置する尖閣諸島は1895年，日本海南西部に位置する竹島は1905年に，日本の領土とした。

太陽暦
・1日を24時間，1週間を7日間，日曜日を休日とした。

近代思想
・「学問のすゝめ」…人間の平等と尊さ，学問の大切さが説かれた。
・「民約訳解」…フランスの自由主義，人権思想を紹介。

チェックの解答 ①岩倉具視 ②西郷隆盛，征韓論 ③江華島，日朝修好条規 ④日清修好条規 ⑤琉球藩 ⑥沖縄県，琉球処分 ⑦樺太・千島交換条約 ⑧文明開化 ⑨洋服 ⑩ガス灯 ⑪鉄道，人力車 ⑫太陽暦 ⑬福沢諭吉，中江兆民

解答➡別冊 p.10

1 右の地図を見て，次の問いに答えなさい。

(1) 地図中の**A**の境界の確定に関連する条約名を書きなさい。

〔　　　　　　　　　〕

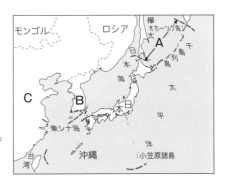

(2) 地図中の**B**の国に対し，強行に開国を求めるべきだとした西郷隆盛（さいごうたかもり）や板垣退助らの考えを何といいますか。

〔　　　　　　　　　〕

(3) 地図中の**B**の国の開国に関連するできごとを，次のア〜エから選びなさい。
ア　江華島（こうかとう）事件　　イ　戊辰（ぼしん）戦争　　ウ　台湾（たいわん）出兵　　エ　アヘン戦争

〔　　　　　　〕

(4) 地図中の沖縄（おきなわ）に日本が琉球処分を行ったのは，**C**の国が日本の領有権を認めなかったためです。**C**の国名を書きなさい。

〔　　　　　　　　　〕

2 次の①〜④の各文の下線部が正しければ○を，誤っていれば正しい語句を書きなさい。

① 明治初期に急速に進んだ近代化や洋風化の風潮を，殖産興業（しょくさんこうぎょう）という。

② 1872年に太陽暦が採用され，明治5年12月3日を明治6年1月1日とした。

③ 福沢諭吉（ふくざわゆきち）は，「天は人の上に人をつくらず……」で始まる「民約訳解」を書いた。

④ 1871年，前島密（まえじまひそか）により，近代的な郵便制度が整えられた。

①〔　　　　　　〕　　②〔　　　　　　〕　　③〔　　　　　　〕　　④〔　　　　　　〕

解答➡別冊 p.10

右の資料を見て，次の問いに答えなさい。

(1) 資料は，1876年に日本が朝鮮と結んだ条約の内容の一部です。この条約を何といいますか。

〔　　　　　　　　　〕

(2) この条約は朝鮮にとってどのような内容になっていたか，簡単に書きなさい。

〔　　　　　　　　　〕

①朝鮮が清の従属国であることを否認（ひにん）し，独立国として承認する。

②プサンなど3港を開いて貿易を行う。

③日本は領事裁判権（りょうじさいばんけん）をもつ。

21 大日本帝国憲法

チェック

空欄をうめて，要点のまとめを完成させましょう。

【藩閥政府と士族の反乱・自由民権運動の高まり・政党の結成】

① 明治政府は元倒幕派の薩摩藩・長州藩・土佐藩・肥前藩の出身者が権力をにぎっていたことから，〔　　　　　〕といわれた。

② 征韓論で敗れ政府をしりぞいた〔　　　　　〕らは，政府は専制的であると批判し，〔　　　　　〕を提出し，国会開設を主張した。

③ 政府に不満をもっていた鹿児島の士族は，1877年には西郷隆盛を立てて〔　　　　　〕をおこしたが，政府軍に鎮圧され，これ以降，政府への批判は武力ではなく言論によるものとなった。

④ 国民の間で参政権確立をめざす〔　　　　　〕が高まり，1880年，大阪で〔　　　　　〕が結成され，国会開設を政府に請願した。

⑤ 政府は，〔　　　　　〕を出して，10年後の1890年に国会を開くことを約束した。

⑥ 国会開設に備え，板垣退助を党首とする〔　　　　　〕，大隈重信を党首とする〔　　　　　〕が結成された。しかし，自由民権運動の激化事件などにより解散，活動停止となり，自由民権運動はおとろえていった。

【大日本帝国憲法の制定・帝国議会の開会】

⑦ 1885年，〔　　　　　〕は内閣制度をつくり，初代内閣総理大臣に就任した。

⑧ 1889年，天皇が国民にあたえる形で〔　　　　　〕が発布され，日本はアジアで初の立憲君主制の国となった。

⑨ 帝国議会は，衆議院と〔　　　　　〕の二院制で構成された。

⑩ 1890年，第1回衆議院議員総選挙が行われたが，有権者は直接国税〔　　　　　〕円以上を納める満25歳以上の男子のみで，総人口のわずか1.1％であった。

【帝国主義の世界分割】

⑪ 19世紀後半，資本主義が発展した列強の国々は，軍事力を背景に植民地を得るため世界に進出するようになった。この動きを〔　　　　　〕という。

ポイント

士族の不満

・徴兵令や帯刀の禁止などによる士族の特権の否定や，政府からの支給が打ち切られたことなどにより，政府への不満が高まっていた。

・全国的にも特に強い武力をもっていた九州地方の士族が，徴兵令によりつくられた政府軍に破れたことで，全国の士族は武力による反乱ではかなわないと知り，言論によるものに転換していった。

政府の対応

・自由民権運動は，新聞や雑誌で意見を発表したり，各地で集会を開いて演説を行ったりしていた。

・政府は，新聞紙条例や集会条例を出して，運動を取り締まった。

秩父事件

・最も大規模な激化事件。

・埼玉県秩父地方で，貧困に苦しむ農民たちが「困民党」を結成し，地租軽減を求めた。

大日本帝国憲法

第1条	大日本帝国ハ万世一系ノ天皇之ヲ統治ス
第3条	天皇ハ神聖ニシテ侵スヘカラス
第4条	天皇ハ国ノ元首ニシテ統治権ヲ総攬シ此ノ憲法ノ条規ニヨリ之ヲ行フ
第11条	天皇ハ陸海軍ヲ統帥ス

大日本帝国憲法の特色

・天皇の権限が強い。

・二院制の帝国議会。

・国民の権利（言論の自由など）は制約つきで不十分。

1 右の年表を見て，次の問いに答えなさい。

(1) ① ・ ② にあてはまる語句を，それ
ぞれ書きなさい。 ① 〔　　　　　　　〕
② 〔　　　　　　　〕

年	できごと
1868	明治時代が始まる
↑↓ X	
1874	板垣退助が ① を政府に提出
	→高知で ② を結成
↑↓ Y	
1881	国会開設の勅諭
↑↓ Z	
1889	大日本帝国憲法発布

(2) 下線部の説明として正しいものを，次のア
～エから選びなさい。 〔　　　　〕
ア 天皇に戦争を始める権限はなかった。
イ 天皇が神々に誓う形で発布された。
ウ 国民は，兵役と納税の義務があった。
エ 国民の権利は，すべて認められなかった。

(3) 下線部発布の翌年に関係することがらを，次のア～エから 2 つ選びなさい。
ア 教育勅語 イ 解放令 ウ 軍人勅諭 エ 第 1 回衆議院議員総選挙
〔　　　　〕〔　　　　〕

(4) 次の①～③は年表中の X ～ Z のどの期間のできごとですか。それぞれ記号で書きなさい。
① 内閣制度がつくられ，伊藤博文が初代内閣総理大臣となった。 〔　　　　〕
② 国会期成同盟が大阪でつくられた。 〔　　　　〕
③ 鹿児島の士族らが，西南戦争をおこした。 〔　　　　〕

2 次の①～③の各文の下線部が正しければ○を，誤っていれば正しい語句を書きなさい。
① 自由民権運動を取り締まるために新聞紙条例や集会条例が出された。 〔　　　　〕
② 板垣退助は自由党を，大隈重信は国民党をつくった。 〔　　　　〕
③ 自由党が解党してすぐ，群馬県の秩父事件を旧自由党員が指導した。 〔　　　　〕

次の問いに答えなさい。

(1) 第 1 回衆議院議員総選挙の有権者が，総人口の約 1.1
％であったのはなぜですか。このときの有権者資格から
説明しなさい。
〔　　　　　　　　　　　　　　　　　　〕

(2) 右のグラフは第 1 回衆議院議員総選挙の結果で，民党
は野党，吏党は与党のことです。第 1 回帝国議会が混乱
した理由を，右のグラフをもとに簡単に説明しなさい。
〔　　　　　　　　　　　　　　　　　　〕

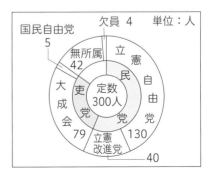

22 日清戦争・日露戦争

💬 チェック

空欄をうめて，要点のまとめを完成させましょう。

【条約改正の実現】

① 日本が近代国家であることを示すため，西洋の法律・習慣など
を取り入れようとした政策を〔　　　　　〕という。

② 1894年，外務大臣の〔　　　　　〕が領事裁判権の撤廃に成功。
1911年には，外務大臣の〔　　　　　〕が関税自主権の回復に成功
した。

【日清戦争】

③ 1894年，朝鮮国内で〔　　　　　〕(東学党の乱)がおき，これを
きっかけにおこった清との戦争を〔　　　　〕という。

④ 1895年，下関で結ばれた講和条約の〔　　　　　〕で，日本は
〔　　　　　〕・台湾・澎湖諸島，賠償金を手に入れた。

【日清戦争後の日本とアジア】

⑤ ロシアはフランス・ドイツとともに，遼東半島を清へ返還する
ことを求めてきた。これを〔　　　　　〕という。

【日露戦争】

⑥ 1900年，中国で〔　　　　　〕による外国人排斥運動がおこり，
欧米諸国と日本は軍を送りこれを鎮圧した。

⑦ 鎮圧後も，ロシアは大軍を満州にとどめ，さらに韓国へ勢力を
のばそうとしたのを脅威に感じた日本とイギリスは，1902年，
〔　　　　　〕を結んだ。

⑧ 1904年，日本はロシアに宣戦布告し〔　　　　　〕
が始まった。

⑨ 1905年，アメリカで講和条約の〔　　　　　〕を結
び，日本による韓国の支配や，樺太の南半分を
日本の領土とすることなどが認められた。

日清戦争のときと違って，賠償金はも
らえず，日本国内では不満の声があが
り，暴動に発展することもあったよ。

ポイント

鹿鳴館
・欧化政策の一環として，東京
の日比谷につくられた社交場。
・外国人を接待するため，舞踏
会を開いたりした。

ノルマントン号事件
・1886年，紀州沖でイギリス船
が沈没し，乗客のイギリス人
は救助されたが，日本人は全
員死亡した。
・領事裁判権で船長のイギリス
人は，軽い処罰で済んだ。
・この事件をきっかけに国民か
ら領事裁判権の撤廃を求める
声があがった。

日露戦争当時の国際関係

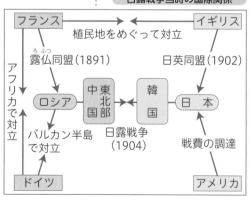

チェックの解答　①欧化政策　②陸奥宗光，小村寿太郎　③甲午農民戦争，日清戦争　④下関条約，遼東半島　⑤三国干渉
⑥義和団　⑦日英同盟　⑧日露戦争　⑨ポーツマス条約

1 右の地図を見て，次の問いに答えなさい。

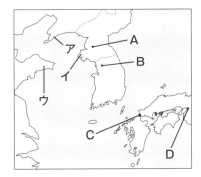

(1) 日清戦争のきっかけとなった，政治改革や外国人の追放を求めた朝鮮の人々の反乱を何といいますか。

〔　　　　　　　〕

(2) 日清戦争の講和条約が行われた場所を，地図中の**A～D**から選びなさい。　〔　　　　　　　〕

(3) 講和後，日本が清への返還を求められた遼東半島の位置を，地図中の**ア～ウ**から選びなさい。　〔　　　　　　〕

(4) 遼東半島を清に返還するように求めてきた国の正しい組み合わせを，次の**ア～エ**から選びなさい。　〔　　　　　　〕

ア ロシア，ドイツ，フランス　　　**イ** ロシア，イギリス，フランス
ウ イタリア，ドイツ，フランス　　**エ** イタリア，ロシア，ドイツ

2 右の年表を見て，次の問いに答えなさい。

(1) 井上馨が欧化政策の一環としてつくった社交場を何といいますか。　〔　　　　　　〕

(2) 年表中の　　　にあてはまる，紀州沖で沈没したイギリス船の名前を書きなさい。　〔　　　　　　〕

(3) (2)の事件の影響で，日本国内で主に問題になった不平等条約の内容は何でしたか。　〔　　　　　　〕

(4) (3)の条約改正を最初に実現した相手国と，担当した外務大臣を年表中から選んでそれぞれ書きなさい。

相手国〔　　　　　　〕　　外務大臣〔　　　　　　〕

年	できごと
1878	寺島宗則が交渉
1882	井上馨が交渉
1886	事件がおきる
1888	大隈重信が交渉
1894	陸奥宗光が交渉
1911	小村寿太郎が交渉

日露戦争の講和条約後，国民が抗議し，日比谷などで暴動がおきた理由を，下の資料を参考に，講和条約の名称を用いて説明しなさい。

戦争	賠償金	日本側の軍事費	日本軍の死者
日清戦争	約3億6千万円	約2億円 （当時の国家予算の約2倍）	約1万人
日露戦争	なし	約18億円 （当時の国家予算の約6倍）	8万人以上

〔

23 韓国の植民地化・日本の近代化

チャート式シリーズ参考書 >>
第4章 ⑩ ⑪～⑮

チェック

空欄をうめて，要点のまとめを完成させましょう。

【韓国の植民地化】

① 日露戦争後，日本は満州に〔　　　　　〕（満鉄）を設立した。

② 1905年，日本は韓国に〔　　　　　〕を置き，外交権を奪い，1910年には韓国の統治権を日本の天皇に譲るとした〔　　　　　〕条約を結んだ。

【辛亥革命と中華民国の成立】

③ 列強による半植民地化が進む中国では，しだいに民族意識が高まり，三民主義を唱えた〔　　　　　〕が革命運動を推進した。

④ 1911年，〔　　　　　〕がおこり，中国各地に革命運動が広がった。

⑤ 1912年，南京を首都として〔　　　　　〕が成立した。

【日本の産業革命・社会問題の発生】

⑥ 日本の軽工業は1880年代後半ごろから発展し，第一次産業革命を迎えた。重工業も日清戦争後に鉄鋼の需要が高まり，1901年に官営の〔　　　　　〕が開業した。

⑦ 工場労働者による劣悪な労働条件を改善する運動がおこり，1900年，政府は〔　　　　　〕を制定してこれを取り締まった。その後1911年には〔　　　　　〕を制定して労働条件の改善をはかった。

【近代の文化】

⑧ 1886年，学制にかわって〔　　　　　〕が出され，義務教育は3，4年とされた。義務教育は1907年には6年になった。

⑨ 医学や哲学が発達し，〔　　　　　〕は黄熱病を研究し，医学の発展につくした。

⑩ 〔　　　　　〕は「小説神髄」で人情や心理をありのままに描こうとする写実主義を提唱した。日露戦争後には人間や社会をありのままに描こうとする〔　　　　　〕が主流となった。

⑪ 「坊っちゃん」を書いた〔　　　　　〕や「舞姫」を書いた森鷗外は，独自の文学的境地を開いた。

ポイント

三民主義

・民族主義（民族の独立）・民権主義（民主主義の実現）・民生主義（民衆生活の安定）の3つの考え方。

政商から財閥へ

・明治時代，政府と特別な関係をもつ資本家は政商とよばれた。

・政商の中には，会社のグループ化により財閥となり，日本経済を支配する規模になるものも現れた。

労働組合の結成

・1897年，片山潜らにより労働組合期成会が結成され，労働組合が次々とつくられ，労働争議がひん発した。

近代の文学

・写実主義…人情・心理をありのままに描いた。二葉亭四迷，尾崎紅葉ら。

・ロマン主義…個人の感情を重んじた。与謝野晶子，樋口一葉ら。

・自然主義…ロマン主義を否定。人間や社会をありのままに描いた。田山花袋，国木田独歩ら。

解答➡別冊p.11

1 右の資料を見て，次の問いに答えなさい。

(1) 資料中の □ にあてはまる法律名を書きな
さい。　　　　　　　〔　　　　　　　〕

(2) 資料の法律の説明として適切なものを，次の
ア～エから選びなさい。　〔　　　　　〕

ア　工業を保護し，経営資金を補助する法律。

イ　国内産業を保護し，輸入を規制する法律。

ウ　労働者を保護し，労働環境を整備する法律。

エ　労働運動を規制し，工業を振興する法律。

```
          □ （1911年）
第1条　（適用）一，常時15人以上ノ職
　　　工ヲ使用スルモノ
第2条　工業主ハ12歳未満ノ者ヲシテ工
　　　場ニ於テ就業セシムルコトヲ得
　　　ス。
第3条　工業主ハ15歳未満ノ者及女子ヲ
　　　シテ，1日ニ付12時間ヲ超エテ
　　　就業セシムルコトヲ得ス。
```

(3) 資料の法律が出された年のできごとを次のア～エから選びなさい。　　　　　〔　　　　　〕

ア　治安警察法制定　　　イ　八幡製鉄所開業

ウ　関税自主権回復　　　エ　ポーツマス条約締結

2 次の①～⑥の各文の説明にあてはまる人物を，あとのア～コからそれぞれ選びなさい。

① 反自然主義の立場から，「高瀬舟」「舞姫」などを書いた。　　　　〔　　　　　〕

② 口語体で「浮雲」を書いた。　　　　　　　　　　　　　　　　　　〔　　　　　〕

③ 「たけくらべ」で，少年・少女の姿をロマン的に描いた。　　　　　〔　　　　　〕

④ フランスの絵画を学び，「湖畔」や「読書」を描いた。　　　　　　〔　　　　　〕

⑤ 黄熱病を研究した。　　　　　　　　　　　　　　　　　　　　　　〔　　　　　〕

⑥ 俳句雑誌「ホトトギス」の由来となり，俳句の革新に力をつくした。〔　　　　　〕

ア　野口英世　　イ　樋口一葉　　ウ　二葉亭四迷　　エ　志賀潔　　オ　黒田清輝

カ　森鷗外　　キ　正岡子規　　ク　与謝野晶子　　ケ　坪内逍遙　　コ　島崎藤村

解答➡別冊p.11

右の資料を見て，次の問いに答えなさい。

(1) 資料中の輸出が輸入を超える前におきた，日本の経済
成長を促したできごとは何ですか。

〔　　　　　　　　　　〕

(2) (1)のできごとのあと，輸出がのびた理由を簡単に説明
しなさい。

〔　　　　　　　　　　　　　　　〕

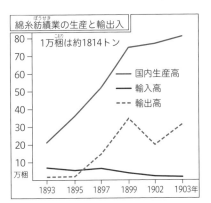

綿糸紡績業の生産と輸出入

1 江戸時代の欧米諸国について，次の問いに答えなさい。

(1) 次の①〜③のできごとを，おこった順に並べかえなさい。

① パリの民衆がバスティーユ牢獄を襲撃し，国民議会は「人権宣言」を出した。

② イギリスは議会で国王を追放し，「権利章典」を出し，議会政治を確立した。

③ イギリスの植民地支配に対し，北アメリカの人々は反発し，独立宣言を発表した。

〔　　　→　　　→　　　〕

(2) 右の資料は，19世紀初めのころのイギリス・中国(清)・インドの三角貿易の関係図です。a〜cにあてはまるものを次のア〜ウから選びなさい。

ア アヘン　イ 綿織物　ウ 茶・絹

a〔　　〕 b〔　　〕 c〔　　〕

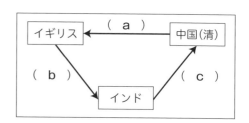

2 次の文を読んで，あとの問いに答えなさい。

> 1853年，ペリーが日本の開国を求め，浦賀に来航した。翌年，幕府は日米和親条約を結び，下田と函館の2港を開港した。さらに1858年には a 日米修好通商条約を結んだ。
> 　開国は社会の混乱を招き，攘夷論が高まった。しかし，薩英戦争や下関戦争で現状での攘夷は困難だと知り，b 薩摩藩と長州藩は同盟を結び，倒幕をめざすことになった。
> 　1867年，c 大政奉還が行われ，王政復古の大号令が出されて江戸幕府は滅亡した。新政府が誕生し，d 明治維新が行われた。

(1) 下線部aを結んだ大老の名前を書きなさい。〔　　　　　〕

(2) (1)の人物が開国反対派や攘夷派を処罰したことを何といいますか。〔　　　　　〕

(3) 下線部bについて，両藩の仲介を行った人物の名前を書きなさい。〔　　　　　〕

(4) 下線部cを行った，江戸幕府15代将軍の名前を書きなさい。〔　　　　　〕

(5) 下線部dについて，明治政府が出した基本方針を何といいますか。〔　　　　　〕

(6) 明治政府による日本の近代化政策について，次の問いに答えなさい。

① 政府が藩主に領地と領民を天皇に返上させたことを何といいますか。〔　　　　　〕

② 政府が藩を廃止して，全国に府や県を置いたことを何といいますか。〔　　　　　〕

③ ①②はどのような目的で行われましたか。簡単に書きなさい。

〔　　　　　　　　　　　　　　　　　　　〕

④ 欧米に追いつくために強い国をつくる政策をまとめて何といいますか。

〔　　　　　　　〕

⑤ ④の一環として行われた地租改正にはどのような目的がありましたか。簡単に書きなさい。〔　　　　　　　　　　　〕

3 右の年表を見て，次の問いに答えなさい。

(1) ［　　　］には，士族の最後の武力による反乱が
入ります。あてはまる語句を書きなさい。
〔　　　　　　　〕

(2) 下線部 a から始まった，国民の参政権確立を
めざす運動を何といいますか。
〔　　　　　　　〕

(3) 下線部 b，c の党首となった人物の名前をそ
れぞれ書きなさい。
b〔　　　　　〕 c〔　　　　　〕

(4) 下線部 d をつくり，初代内閣総理大臣となっ
た人物の名前を書きなさい。
〔　　　　　　　〕

年	できごと
1874	a 民撰議院設立の建白書を提出
1877	［　　　］がおこる
1880	国会期成同盟結成
1881	国会開設の勅諭
	b 自由党結成
1882	c 立憲改進党結成
1884	秩父事件
1885	d 内閣制度発足
1889	e 大日本帝国憲法発布
1890	第 1 回 f 帝国議会

(5) 下線部 e について，次の問いに答えなさい。

① 憲法の草案はどこの国の憲法をモデルとしましたか。次のア～エから選びなさい。

ア 中国　イ アメリカ　ウ ドイツ　エ イギリス
〔　　　　　　　〕

② 主権はだれのものとされましたか。
〔　　　　　　　〕

(6) 下線部 f について，国民の直接選挙により選ばれる議院を何といいますか。
〔　　　　　　　〕

4 次の文を読んで，あとの問いに答えなさい。

19世紀後半，世界が帝国主義の時代となっていく中，日本はノルマントン号事件をきっ
かけに a 不平等条約改正を実現させた。

1894年，甲午農民戦争をきっかけに日清戦争がおこった。日本は下関条約により ［　　　］
半島を手に入れたが，b 三国干渉により清に返還された。1904年，満州・韓国をめぐり日
露戦争が始まり，翌年，アメリカの仲介で c ポーツマス条約を結んだ。

1880年代後半から，日本でも産業革命がおこり，軽工業を中心に発展した。しかし，
同時に公害問題や，労働問題も発生し，労働組合が結成された。

(1) 下線部 a について，①領事裁判権の撤廃，②関税自主権の回復を達成した外務大臣の名前
をそれぞれ書きなさい。　①〔　　　　　〕　②〔　　　　　〕

(2) ［　　　］にあてはまる語句を書きなさい。　〔　　　　　　　〕

(3) 下線部 b を行ったのは，フランス・ドイツとあとどこの国ですか。　〔　　　　　　　〕

(4) 下線部 c で日本が優越権を得て，1910年には植民地として支配したアジアの国はどこで
すか。　〔　　　　　　　〕

(5) 日露戦争へ出征した弟を思い，「君死にたまふことなかれ」という詩を発表した女性の名
前を書きなさい。　〔　　　　　　　〕

24 第一次世界大戦

🗨 チェック

空欄をうめて，要点のまとめを完成させましょう。

【帝国主義諸国の対立・第一次世界大戦・ロシア革命】

① 1882年，ドイツ・イタリア・オーストリアは[　　　　　]を，1907年，フランス・イギリス・ロシアは[　　　　　]を結び，列強諸国は対立した。

② 1914年，オーストリア皇太子夫妻が暗殺される[　　　　　]事件がおこり，オーストリアはセルビアに宣戦布告した。

③ ドイツはオーストリアに，ロシア・イギリス・フランスはセルビア側につき，[　　　　　]が始まった。

④ 1917年，ロシアではレーニンの指導により[　　　　　]がおこり，（ソビエト）革命政府が成立した。

⑤ 革命政府は社会主義をめざし，1918年，単独でドイツと講和し，1922年には[　　　　　]（ソ連）を結成した。

【日本の参戦・大戦景気と米騒動】

⑥ 日本は[　　　　　]を理由に連合国側に立って大戦に参戦した。

⑦ 1915年，日本政府は中国での勢力拡大をめざし，袁世凱政府に[　　　　　]を提出し，これを認めさせた。

⑧ 連合国は社会主義の自国への広がりを恐れ，ロシア革命に干渉し，1918年，[　　　　　]を行った。

⑨ シベリア出兵を見こして米が買い占められ，米価が急上昇すると，富山県の漁村の女性たちが米の安売りを求め米屋におしかける[　　　　　]がおこり，この騒ぎは全国に広まった。

【大戦の終結とベルサイユ条約・国際協調の時代】

⑩ 1918年，ドイツの降伏で大戦は終結し，1919年，パリ郊外で講和会議が開かれ，連合国とドイツの間に[　　　　　]が結ばれた。

⑪ 1920年，国際平和を守るための組織，[　　　　　]がつくられ，本部はスイスの[　　　　　]に置かれた。

⑫ アメリカの提唱で開催された[　　　　　]では，海軍の軍備の縮小などが決められた。

バルカン半島

・複数の民族が混在しており，紛争が絶えなかった。

・ドイツやロシアなどの利害もからみ，いつ戦争がおきてもおかしくないことから「ヨーロッパの火薬庫」とよばれていた。

ロシア帝政への不満

・ロシアでは皇帝による専制政治が続いていた。

・戦争が長引くと，食料不足などから国民の皇帝への不満が高まり，民衆の暴動がおこり，革命へと発展した。

二十一か条の要求

・ドイツが山東半島にもっている権益を日本に譲ること，南満州・東部内モンゴルの鉱山の採掘権を日本にあたえることなど，中国の主権をおかすものだった。

大戦景気

・列強諸国が経済力を第一次世界大戦にまわしているさなか，日本は連合国やその植民地，アメリカなどに工業製品を積極的に輸出した。

・戦争中は船が不足し，造船業・海運業などがめざましく発展した。

ドイツは多額の賠償金を支払うことになったよ。

チェックの解答 ①三国同盟，三国協商　②サラエボ　③第一次世界大戦　④ロシア革命　⑤ソビエト社会主義共和国連邦　⑥日英同盟　⑦二十一か条の要求　⑧シベリア出兵　⑨米騒動　⑩ベルサイユ条約　⑪国際連盟，ジュネーブ　⑫ワシントン会議

解答 ➡ 別冊 p.12

💬 **トライ** ....

1 右の資料を見て，次の問いに答えなさい。

(1) 資料中の **X** の国名を書きなさい。　〔　　　　　〕

(2) サラエボ事件がおこったバルカン半島は，常に戦争の危険を含んでいたことから，何とよばれていましたか。
〔　　　　　〕

(3) 資料中の **Y** で1917年におこった革命で成立した革命政府についての説明としてあてはまらないものを，次のア～エから選びなさい。　〔　　　　　〕

　ア　ドイツと講和した。　　イ　レーニンが指導した。

　ウ　シベリアに出兵した。　エ　社会主義をめざした。

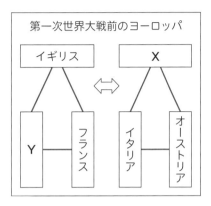

2 右の年表を見て，次の問いに答えなさい。

(1) 年表中のパリ講和会議の内容として正しいものを，次のア～エから選びなさい。　〔　　　　　〕

　ア　ドイツは一部の植民地を失った。

　イ　ドイツは多額の賠償金を課せられた。

　ウ　民族自決の原則が，アジアにも適用された。

　エ　日本は，中国のフランス植民地を手に入れた。

年	できごと
1918	第一次世界大戦が終わる
1919	パリ講和会議が開かれる
1921	ワシントン会議が始まる
	・a 海軍軍縮条約
	・b 四か国条約
	・c 九か国条約

(2) 下線部 a ～ c に関係のないものを，次のア～エから選びなさい。
〔　　　　　〕

　ア　中国の独立尊重などを決めた。　　イ　海軍主力艦の保有トン数を制限した。

　ウ　太平洋地域の現状維持を決めた。　エ　朝鮮を独立国として扱うことを認めた。

(3) 下線部 b の結果解消されたロシアの南下政策に対抗する同盟は何ですか。
〔　　　　　〕

💬 **チャレンジ** ....

解答 ➡ 別冊 p.12

国際連盟に関して，次の問いに答えなさい。

(1) 国際連盟の設立を提唱したアメリカ大統領はだれですか。　〔　　　　　〕

(2) 国際連盟が設立された目的を，「第一次世界大戦」の語句を使って，簡単に書きなさい。
〔　　　　　　　　　　　　　　　　　　　　　　　　　〕

(3) 国際連盟は，各国間の争いをとめることができませんでした。その理由を，右の資料を参考にして，簡単に説明しなさい。

〔　　　　　　　　　　　　　　〕

> 国際連盟設立時の常任理事国
> 　イギリス　フランス　イタリア　日本
> 不参加国
> 　ドイツ　ソ連　アメリカ

25 大正デモクラシー

チェック

空欄をうめて，要点のまとめを完成させましょう。

【民主主義の進展・アジアの民族運動】

① 1919年，ドイツで国民主権，男女の普通選挙権などが定められた〔　　　〕憲法が制定された。

② 第一次世界大戦後，中国と朝鮮で反日運動として，1919年5月4日，中国で〔　　　〕，1919年3月1日，朝鮮で〔　　　〕がおこった。

③ イギリスの植民地であったインドでは，「非暴力・不服従」を唱える〔　　　〕が指導し，独立運動が行われた。

> 第一次世界大戦後，各国で民族自決の動きが広がったよ。

【大正デモクラシー・社会運動の高まり・普通選挙と治安維持法】

④ 1912年，日本ではいまだ続いていた藩閥政府を批判する〔　　　〕がおこった。

⑤ 大正時代の自由主義・民主主義の傾向が高まった風潮を〔　　　〕という。

⑥ 吉野作造は政治に民意を反映させる必要があると説いた。これを〔　　　〕という。

⑦ 1918年，〔　　　〕が首相となり，初の本格的な政党内閣を組閣した。

⑧ 社会生活で差別を受けていた人々は部落解放運動を進め，1922年に〔　　　〕を結成した。

⑨ 女性の地位向上をめざす運動もおこり，〔　　　〕は市川房枝らとともに新婦人協会を設立した。

⑩ 1924年，加藤高明内閣が組織され，1925年には満25歳以上の男子に選挙権をあたえる〔　　　〕法と，社会主義運動を取り締まる〔　　　〕法を成立させた。

【大正期の文化】

⑪ 人道主義をかかげる白樺派が登場し，〔　　　〕は「暗夜行路」を書いた。

⑫ 新思潮派の〔　　　〕は「羅生門」「鼻」などを書いた。

⑬ 労働者の厳しい生活や戦いを描く〔　　　〕文学が現れ，小林多喜二は「蟹工船」を書いた。

制限選挙と普通選挙
- 制限選挙…選挙権の付与は，身分や所得などの条件がある。
- 普通選挙…選挙権の付与に，身分や所得などの条件がない。

天皇機関説
- 憲法学者の美濃部達吉が主張。
- 主権は国家にあり，天皇は国家の最高機関であると説いた。
- 政党内閣，議会政治の理論的根拠となった。

社会運動の高まり
- 第一次世界大戦後，日本は不況となり，労働運動や農民運動がさかんになった。
- 国体（天皇が国家を統治する体制）の変革や私有財産（資本主義体制）の否定を主張する社会主義運動もおこった。

文化の大衆化
- 1925年にはラジオ放送が始まり，全国に普及した。
- トーキー（有声映画）も登場し，大衆娯楽として流行した。

チェックの解答　①ワイマール　②五・四運動，三・一独立運動　③ガンディー　④第一次護憲運動　⑤大正デモクラシー　⑥民本主義　⑦原敬　⑧全国水平社　⑨平塚らいてう　⑩普通選挙，治安維持　⑪志賀直哉　⑫芥川龍之介　⑬プロレタリア

1 右の年表を見て，次の問いに答えなさい。

(1) 年表中の □ にあてはまる内閣総理大臣の
名前を書きなさい。　　　　　〔　　　　　〕

(2) 年表中のAの原因となったできごとを，次の
ア〜エから選びなさい。　　　〔　　　　　〕
　ア　中華民国の成立
　イ　藩閥内閣の成立
　ウ　ロシア革命
　エ　開拓使官有物払い下げ事件

年	できごと
1912	第一次護憲運動 ・・・・・・・・・・・・ A
1914	第一次世界大戦
1918	シベリア出兵
	□ の政党内閣が成立・・・・・・ B
1923	関東大震災
1924	第二次護憲運動 ・・・・・・・・・・・・ C

(3) 年表中のBのきっかけとなったできごとを，次のア〜エから選びなさい。　〔　　　　　〕
　ア　米騒動　　イ　西南戦争　　ウ　五・四運動　　エ　二十一か条の要求

(4) 年表中のCの結果成立した加藤高明内閣が制定した法律を，次のア〜オから2つ選びなさ
い。　　　　　　　　　　　　　　　　　　　　　　　〔　　　　〕〔　　　　〕
　ア　集会条例　　　イ　治安警察法　　ウ　治安維持法
　エ　普通選挙法　　オ　工場法

2 大正期の社会・文化の説明として正しい文を，次のア〜オからすべて選びなさい。
　ア　美濃部達吉は，天皇主権を認めた上での民主主義を，民本主義と名づけた。
　イ　平塚らいてうは，女性の参政権などを求めて，新婦人協会を設立した。
　ウ　プロレタリア文学作家として，「蟹工船」を書いた小林多喜二がいる。
　エ　農村で小作争議がひん発し，指導組織の日本労働総同盟がつくられた。
　オ　ラジオ放送・トーキー(有声映画)や，100万部を超える新聞が現れた。

〔　　　　　　〕

右のグラフは，日本の国会議員選挙における有権者の変化を表しています。これを見て次の問
いに答えなさい。

(1) グラフ中のア〜オから，納税額による
制限があった選挙をすべて選びなさい。
〔　　　　　〕

(2) グラフ中のエの選挙での有権者の資格
を簡単に説明しなさい。
〔　　　　　　　　　　〕

	選挙の実施年	有権者数および全人口に占める割合
ア	1890年(明治23年)	45万人(1.1%)
イ	1902年(明治35年)	98(2.2)
ウ	1920年(大正9年)	307(5.5)
エ	1928年(昭和3年)	1241(19.8)
オ	1946年(昭和21年)	3688(48.7)

26 世界恐慌とファシズム

チャート式シリーズ参考書 >>
第5章 12 ① 〜 ⑦

チェック

空欄をうめて，要点のまとめを完成させましょう。

【世界恐慌・ファシズムの台頭】

① 1929年，アメリカの [   ] で株価が大暴落し深刻な不況がおこったのをきっかけに，世界恐慌がおこった。

② 1933年，アメリカの大統領となった [   ] は [   ] 政策をとり，景気回復をはかった。イギリスやフランスは本国と植民地の経済的結びつきを強める [   ] 経済で対策した。

③ 1922年，イタリアで [   ] が率いるファシスト党が政権をにぎり，独裁政治を行った。

④ ドイツでは，国民の支持を集める [   ]（国民社会主義ドイツ労働者党）を率いる [   ] が，1933年に首相となり独裁政治を行った。

⑤ イタリアやドイツにみられた全体主義的な独裁政治を [   ] という。

【日本の不景気・満州事変・軍国主義の高まり】

⑥ 日本も不況となり，1927年には中小銀行の休業があいつぐ [   ] がおこった。

⑦ 中国では，1927年，国民党の [   ] が南京に国民政府を樹立した。

⑧ 現地の日本軍は，満州の権益を確保するため，1931年，柳条湖事件をおこし，満州全土を占領した。これを [   ] という。翌年には満洲国を建国した。

⑨ 1932年5月15日，海軍青年将校が首相の犬養毅を暗殺する [   ] が，1936年2月26日には陸軍青年将校が首相官邸などを襲撃する [   ] がおこり，軍部の発言力が強まった。

【日中戦争・国家総動員体制】

⑩ 1937年，華北に勢力をのばそうとした日本軍と中国軍が武力衝突した [   ] がおこると，そのまま日中戦争へと発展した。

⑪ 日中戦争は長期化し，1938年に [   ] が制定され，議会の承認なしに，労働力，物資などを動員できるようになった。

⑫ 1940年，政党は解散させられ [   ] にまとめられた。

世界恐慌

・好景気から不景気に急速に変わることによっておこる経済の混乱を恐慌という。

・ソ連ではスターリンのもとで五か年計画が行われ，農業の集団化や工業の発展を進めていたため，世界恐慌の影響を受けなかった。

中国では，1927年から1936年まで，国民党と共産党が対立していたよ。

国際連盟脱退

・1932年，満州国建国に対し，中国は国際連盟に提訴した。

・国際連盟はリットン調査団を派遣し，日本の侵略行為であり，満州国は不承認とした。

・これを不満とした日本は国際連盟を脱退した。

戦時の体制

・米や衣料品などの生活必需品は，配給制や切符制となった。

・大政翼賛会の結成により，ドイツのナチスのように，挙国一致の政治体制とした。

1 右の年表を見て，次の問いに答えなさい。

(1) 次の①〜⑤の説明にあてはまるできごとを，年

表中のA〜Fからそれぞれ選びなさい。

① 新体制運動によって政党が解散した。

② 満州国の独立が承認されなかった。

③ 首相官邸などが陸軍将校に占拠された。

④ 北京郊外で戦いが始まった。

⑤ 関東軍による鉄道爆破から始まった。

① [   ]   ② [   ]

③ [   ]   ④ [   ]

⑤ [   ]

年	できごと
1929	世界恐慌
1931	満州事変 ‥‥‥‥‥‥‥‥A
1932	五・一五事件 ‥‥‥‥‥B
1933	日本，国際連盟脱退 ‥‥C
1936	二・二六事件 ‥‥‥‥‥D
1937	日中戦争開戦 ‥‥‥‥‥E
1938	___制定
1940	大政翼賛会結成 ‥‥‥‥F

(2) 年表中の ___ にあてはまる語句を書きなさい。   [   ]

2 次の①〜⑤の各文の下線部が正しければ○を，誤っていれば正しい語句を書きなさい。

① 孫文の死後，国民党の指導権をにぎった袁世凱は，1927年に南京に国民政府を樹立した。

② 海軍青年将校が1932年，首相官邸を襲撃し，原敬首相を暗殺した。

③ 1936年の西安事件をきっかけに，抗日民族統一戦線が結成された。

④ 1937年の盧溝橋事件をきっかけに，日中戦争が始まった。

⑤ 1940年，労働組合が解散させられ，かわりに大政翼賛会が結成された。

① [   ]   ② [   ]   ③ [   ]

④ [   ]   ⑤ [   ]

次の問いに答えなさい。

(1) 日本の軍部はなぜ満州事変をおこしたのですか。「日本の生命線」「恐慌」「中国侵略」の

語句を使って説明しなさい。

[   ]

(2) リットン調査団の報告にもとづく勧告のあと，国際連盟から脱退した日本の国際的な立場

はどうなりましたか。簡単に説明しなさい。

[   ]

27 第二次世界大戦

✎ チェック

空欄をうめて，要点のまとめを完成させましょう。

【第二次世界大戦の始まり・反ファシズムの戦争】

① ヒトラー率いるドイツは東方への侵略を進めるため，1939年，ソ連と〔　　　　　〕を結び，〔　　　　　〕へ侵攻した。

② 1940年，日本・ドイツ・イタリアの3か国は〔　　　　　〕を結び，日本・ドイツ・イタリアとアメリカ・イギリス陣営の対立関係が明確になった。

③ アメリカとイギリスの両国は，1941年に〔　　　　　〕を発表し，領土の不拡大などの反ファシズムをかかげた。

④ 厳しい占領政策を強いるドイツに対し，占領地では〔　　　　　〕という抵抗運動がおこった。

ドイツの侵攻に対し，イギリス・フランスは宣戦布告して，第二次世界大戦が始まったんだ。

枢軸国

・ファシズムをかかげるドイツとイタリアは連帯して，枢軸という協力関係にあり，そこへ日本が加わり，まとめて枢軸国側といわれる。

【日中戦争の泥沼化と南進政策・太平洋戦争の始まり】

⑤ 日中戦争が長期化し，物資不足であった日本は東南アジアへ進出し，フランス領〔　　　　　〕を占領した。

⑥ 日本の進出に対し，アメリカ・イギリス・オランダ・中国は経済制裁を行った。これを〔　　　　　〕という。

⑦ 日米交渉が行われたが交渉は進まず，1941年12月8日，日本はハワイの〔　　　　　〕を攻撃し，〔　　　　　〕が始まった。

⑧ 開戦当初は次々と占領地を広げていた日本だったが，1942年6月の〔　　　　　〕で敗れ，しだいに戦況は悪くなっていった。

東条英機

・首相の近衛文麿はアメリカとの交渉を希望したが，開戦を主張する陸軍の東条英機と対立し，辞任した。

・東条英機は首相となり，開戦を決定した。

【戦争の長期化と国民生活・第二次世界大戦の終結】

⑨ 1944年，アメリカは日本本土へ焼夷弾の爆撃を本格化させ，1945年3月の〔　　　　　〕では首都が焼かれ，住民も被害を受けた。

⑩ 1945年7月，アメリカ・イギリス・中国は〔　　　　　〕を発表し，日本に無条件降伏を求めた。

⑪ アメリカは，1945年8月6日に広島に，8月9日に長崎に〔　　　　　〕を投下した。

⑫ 日本はポツダム宣言を受け入れ，1945年8月〔　　　　〕日，天皇の玉音放送で国民に敗戦が伝えられた。

国民生活の圧迫

・戦争が長期化し，軍事優先となり，ほとんどの日用品が配給制となった。

・中学生や女学生などを工場で働かせる勤労動員や，文科系の大学生も出陣させられる学徒出陣が行われた。

チェックの解答 ①独ソ不可侵条約，ポーランド　②日独伊三国同盟　③大西洋憲章　④レジスタンス　⑤インドシナ　⑥ABCD包囲陣　⑦真珠湾，太平洋戦争　⑧ミッドウェー海戦　⑨東京大空襲　⑩ポツダム宣言　⑪原子爆弾　⑫15

🔹 **トライ** ⸺⸺⸺⸺⸺⸺⸺⸺⸺⸺⸺⸺⸺⸺⸺⸺⸺⸺⸺ 解答 ➡ 別冊p.13

1 右の資料は，日中戦争後期の日本の南進政策に対応した国々を示しています。これを見て，次の問いに答えなさい。

(1) 資料中の**A・C**にあてはまる国名を，それぞれ書きなさい。　A〔　　　　　〕　C〔　　　　　〕

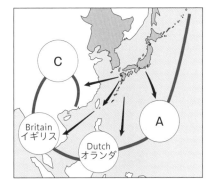

(2) 資料中の国々のとった対応を，次のア～エから選びなさい。〔　　　　　〕

　ア　日本への空襲（くうしゅう）　　イ　国際連盟（こくさいれんめい）からの除名
　ウ　日本近海の封鎖（ふうさ）　　エ　資源等輸出の禁止

(3) 日本は，南進政策開始以前の1940年に，三国同盟を結んでいました。同盟相手の２国を書きなさい。　〔　　　　　〕〔　　　　　〕

(4) (3)の同盟後の1941年に，北方の安全を確保するために日本が結んだ条約名を書きなさい。

〔　　　　　　　　　　〕

2 第二次世界大戦に関連する次の各文が正しければ○を，誤っていれば×を書きなさい。

① ドイツは，1938年にフランスとオーストリアを併合（へいごう）した。〔　　　〕
② ドイツはソ連と不可侵（ふかしん）条約を結んだ。〔　　　〕
③ 1941年12月，日本海軍のフィリピンへの攻撃から太平洋戦争が始まった。〔　　　〕
④ 太平洋戦争開始時の内閣総理大臣は，東条英機である。〔　　　〕
⑤ ヤルタ会談において，日本に無条件降伏を求める宣言が出された。〔　　　〕
⑥ 1945年４月，北海道にアメリカ軍が上陸し，地上戦が行われた。〔　　　〕

🔹 **チャレンジ** ⸺⸺⸺⸺⸺⸺⸺⸺⸺⸺⸺⸺⸺⸺⸺⸺⸺⸺⸺ 解答 ➡ 別冊p.13

右の資料は，1942年のミッドウェー海戦で沈（しず）んだ艦数（かんすう）に関する日本の新聞報道と実際の状況を比較（ひかく）したものです。これを見て，次の問いに答えなさい。

(1) 資料から，日本の新聞が伝えた戦況は，どちらが有利としたものでしたか。

〔　　　　　〕

(2) このような報道が行われていた理由を，次の言葉に続くように書きなさい。

　政府の大本営発表では，

〔　　　　　　　　　　　　〕

	日本の新聞				実際			
	航空母艦（こうくうぼかん）	巡洋艦（じゅんようかん）	駆逐艦（くちくかん）	潜水艦（せんすいかん）	航空母艦	巡洋艦	駆逐艦	潜水艦
日本	2	1			4	1		
アメリカ	2	1	1		1	1		

28 戦後改革と冷戦

チャート式シリーズ参考書 >>
第6章 13 ①〜⑤

チェック

空欄をうめて，要点のまとめを完成させましょう。

ポイント

【占領と戦後改革・日本の民主化】

① 第二次世界大戦後，東京には [　　　　　] を最高司令官とする [　　　　　](GHQ)が置かれ，連合国軍は日本を非軍事化・民主化することを方針とし，占領政策を行った。

② 1946年，労働三権(団結権・団体交渉権・団体行動権)が保障された，[　　　　　] が施行された。

③ GHQは経済の民主化を進めるため，1945年，三井・三菱などを解散させる [　　　　　] を行い，1946年からは [　　　　　] を開始し，自作農を増やし，封建的な関係を廃止した。

④ 1946年11月3日に公布された [　　　　　] は，国民主権・基本的人権の尊重・平和主義の3つの基本原理がかかげられている。

⑤ 1947年，[　　　　　] が制定され，教育勅語が廃止された。

【国際連合と冷戦・朝鮮戦争】

⑥ 1945年10月，連合軍の代表は戦後の平和維持のため，[　　　　　] を発足した。本部はアメリカのニューヨークに置かれた。

⑦ 戦後まもなく，アメリカを中心とする西側陣営とソ連を中心とする東側陣営は，政治と経済のしくみの違いから対立した。これを [　　　　　] という。

⑧ 1948年，朝鮮半島は南北に分裂し，北に朝鮮民主主義人民共和国(北朝鮮)，南に [　　　　　](韓国)が成立した。

⑨ 中国では，国民党と共産党が再び内戦を始めたが，共産党が勝利し，1949年，[　　　　　] の成立を宣言した。

⑩ 1950年，北朝鮮が韓国に侵攻し [　　　　　] が始まった。国連軍が韓国へ派遣され，中国は北朝鮮を支援した。

【占領政策の転換】

⑪ 朝鮮戦争がおこると，GHQは1950年に国内の警備組織として警察予備隊を設置した。組織はその後，保安隊となり，1954年には [　　　　　] となった。

⑫ 朝鮮戦争が始まると，軍需物資の需要が急増し，好景気となった。これを [　　　　　] という。

GHQの占領政策

・非軍事化…軍隊の解散，戦争犯罪人の処罰，天皇の人間宣言など。
・民主化…治安維持法の廃止，政党の復活，男女普通選挙，労働組合の奨励など。

日本国憲法

・公布…1946年11月3日
・施行…1947年5月3日
・天皇は日本の象徴とされた。

国際連合の中心

・中心は安全保障理事会。
・アメリカ，イギリス，フランス，中国(国民政府)，ソ連が常任理事国。
・5か国の中でもアメリカとソ連の力が強かった。

朝鮮半島

・戦後，日本の占領から解放されたが，北緯38度線を境に，北はソ連が，南はアメリカが占領した。
・米ソはのちに撤退したが，その後も支援を続け，南北で対立が深まり，いまだにその対立は続いている。

占領政策の転換

・民主主義育成から，反共産主義(＝反中国・ソ連)へと転換した。

チェックの解答　①マッカーサー，連合国軍最高司令官総司令部　②労働組合法　③財閥解体，農地改革　④日本国憲法　⑤教育基本法　⑥国際連合　⑦冷戦(冷たい戦争)　⑧大韓民国　⑨中華人民共和国　⑩朝鮮戦争　⑪自衛隊　⑫特需景気

1 右の資料を見て，次の問いに答えなさい。

(1) 資料中の下線部の正式名称と，施行年月日を書きなさい。　名称〔　　　　　　〕　施行〔　　　　　　〕

(2) 資料で解説している内容は，(1)の憲法の3つの基本原理のうちの何ですか。　〔　　　　　　〕

(3) 資料が出されたころから，東西両陣営にみられた対立を何といいますか。　〔　　　　　　〕

(4) (3)の体制の中，1949年に毛沢東を主席として成立した国の正式名称は何ですか。　〔　　　　　　〕

(5) (3)の影響によって，1950年に東アジアでおきた戦争は何ですか。　〔　　　　　　〕

(6) (5)の戦争が1953年に休戦した時に設定された，軍事境界線の基準となる緯度を書きなさい。
〔　　　　　　〕

> あたらしい憲法のはなし
> そこでこんどの憲法では，日本の国が，けっして二度と戦争をしないように，二つのことをきめました。その一つは，兵隊も軍艦も飛行機も，およそ戦争をするためのものは，いっさいもたないということです。これからさき日本には，陸軍も海軍も空軍もないのです。これを戦力の放棄といいます。（一部）

2 次の文を読んで，あとの問いに答えなさい。

> 日本政府は，□□□の指導のもと，a経済の民主化を行い，b三井・三菱などの大企業の力を弱めようとした。また，c教育を民主化する法律も制定された。

(1) 文中の□□□にあてはまる語句をアルファベットで書きなさい。　〔　　　　　　〕

(2) 下線部aに関連して，1947年に制定された法律を何といいますか。　〔　　　　　　〕

(3) 下線部bのために，政府によって行われたことは何ですか。　〔　　　　　　〕

(4) 下線部cの，1947年に制定された法律を何といいますか。　〔　　　　　　〕

右の資料は，ある戦後改革の前後の農村のようすを表したものです。これを見て，次の問いに答えなさい。

(1) 資料の1950年のような結果をもたらした，連合国軍最高司令官総司令部の指導のもと行われた改革を何といいますか。
〔　　　　　　〕

(2) 資料から，連合国軍最高司令官総司令部は，日本の農村がどのようになることで民主化されると考えていたことがわかりますか。簡単に説明しなさい。
〔　　　　　　〕

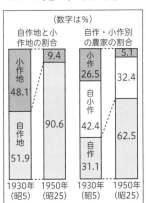

（数字は%）

自作地と小作地の割合
小作地 48.1 / 9.4
自作地 51.9 / 90.6
1930年（昭5） / 1950年（昭25）

自作・小作別の農家の割合
小作 26.5 / 5.1
自小作 42.4 / 32.4
自作 31.1 / 62.5
1930年（昭5） / 1950年（昭25）

㉙ 国際社会への復帰

チャート式シリーズ参考書 >>
第6章 13 ⑥〜⑪

チェック

空欄をうめて，要点のまとめを完成させましょう。

【国際社会への復帰・日米安全保障条約の改定と沖縄返還】

① 1951年，日本は連合国48か国と〔　　　　　〕平和条約を結び，独立を回復した。

② 日本は平和条約と同時にアメリカと〔　　　　　〕を結び，アメリカ軍の日本駐留を認めることになった。

③ 1956年，日本とソ連は〔　　　　　〕を発表し，国交を回復した。その後，日本は国際連合へ加盟し，国際社会へ復帰した。

④ 1965年，〔　　　　　〕戦争が激化し，アメリカは沖縄の米軍基地を拠点として使用した。それに対し沖縄住民は祖国復帰を強く訴え，1972年に沖縄は日本に返還された。

⑤ 沖縄返還の際に日本は，「核兵器を持たず，つくらず，持ちこませず」という〔　　　　　〕の方針を公表した。

⑥ 日本は，1965年，韓国との間に〔　　　　　〕を，1972年，中国との間に〔　　　　　〕を結び，それぞれ国交を正常化した。

【経済の高度成長〜戦後の文化】

⑦ 1955年から1973年にかけて，日本経済は〔　　　　　〕成長をとげ，経済大国となった。

⑧ 経済成長により，大気汚染や水質汚濁などの〔　　　　　〕がおき，1967年には公害対策基本法が制定された。

⑨ 1989年，地中海の〔　　　　　〕で米ソ首脳会談が行われ，冷戦の終結が宣言された。

⑩ 冷戦は終結したが，各地でおこる紛争に対し，国連は〔　　　　　〕活動（PKO）を行っており，日本も1992年に国際平和協力法（PKO協力法）を成立させ，カンボジアなどに自衛隊を派遣した。

⑪ 日本では，1980年代後半に〔　　　　　〕景気とよばれる土地などへの投機による好景気となったが，1991年に崩壊した。

⑫ 日本は，子どもが減り，高齢者が増える〔　　　　　〕社会への対応や，2011年3月11日におきた〔　　　　　〕の被災地の復興や原子力発電からの新しいエネルギーへの転換など，さまざまな課題を抱えている。

北方領土問題

・日ソ共同宣言には，北方四島のうち，歯舞群島と色丹島は日ソ間で平和条約が締結されたあとに返還される，と明記されている。

・ソ連はのちに解体され，ロシアが継承したが，いまだに返還されていない。

国民生活の変化

・三種の神器（テレビ・洗濯機・冷蔵庫）などの電化製品や自動車が普及した。

・新幹線，高速道路が開通した。

・1964年には東京オリンピック・パラリンピックが開催された。

・人口が農村から都市に集中し，過密と過疎の問題がおこった。

南北問題

・先進工業国と発展途上国の経済格差を南北問題という。

・日本は発展途上国に対して，政府開発援助（ODA）や，非政府組織（NGO）によるボランティアなどで支援活動に取り組んでいる。

チェックの解答　①サンフランシスコ　②日米安全保障条約（日米安保条約）　③日ソ共同宣言　④ベトナム　⑤非核三原則
⑥日韓基本条約，日中共同声明　⑦高度経済　⑧公害　⑨マルタ島　⑩平和維持　⑪バブル　⑫少子高齢，東日本大震災

解答➡別冊p.14

トライ

1 右の資料を見て，次の問いに答えなさい。

(1) 資料は，日本が主権を回復した1951年の条約の一部です。この条約を何といいますか。

[　　　　　　　]

(2) (1)の講和会議に出席した日本の全権大使はだれですか。

[　　　　　　　]

(3) 資料中の [　A　] ～ [　D　] にあてはまる語句を，次のア～オからそれぞれ選びなさい。

A [　　　　　] 　B [　　　　　]
C [　　　　　] 　D [　　　　　]

ア 千島　イ 台湾　ウ 朝鮮
エ ポーツマス条約　オ 下関条約

> 第1条(b)　連合国は，日本とその領海に対する日本国民の完全な主権を承認する。
> 第2条(a)　日本国は [　A　] の独立を承認し，すべての権利を放棄する。
> (b)　日本国は，[　B　] と澎湖諸島に対するすべての権利を放棄する。
> (c)　日本国は，[　C　] 列島と，[　D　] で得た樺太の一部に対するすべての権利を放棄する。

(4) (1)の講和会議に，①調印しなかった国，②招待されなかった国，③参加を拒否した国を，次のア～エからそれぞれ選びなさい。　① [　　　　] 　② [　　　　] 　③ [　　　　]

ア 中国　　イ ソ連　　ウ イギリス　　エ インド

2 現代の日本について，次の説明にあてはまる語句を，それぞれ書きなさい。

(1) 自民党を与党，社会党を野党第一党とする昭和30年以降の政治体制。 [　　　　　　　]

(2) 65歳以上の人口割合が高く，15歳以下の割合が低い社会。 [　　　　　　　]

(3) 地球温暖化の原因とされる，二酸化炭素などの気体(ガス)。 [　　　　　　　]

(4) 1980年代末からの土地や株式への投機による不健全な好景気。 [　　　　　　　]

チャレンジ

解答➡別冊p.14

右の資料を見て，次の問いに答えなさい。

(1) 経済成長率が最も低い年は何年ですか。

[　　　　　　　]

(2) (1)の年の経済成長率の低下の原因の一つとして，資料から読み取れることは何ですか。

[　　　　　　　　　　　　　　　]

(3) (1)の年の前と後の経済成長率の違いを，次の言葉に続けて簡単に説明しなさい。

(1)より前の時期は，

[　　　　　　　　　　　　　　　]

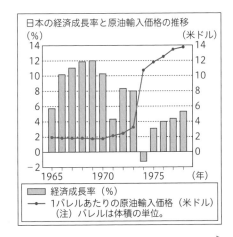

日本の経済成長率と原油輸入価格の推移

☐ 経済成長率（%）
━●━ 1バレルあたりの原油輸入価格（米ドル）
(注) バレルは体積の単位。

1 次の文を読んで，あとの問いに答えなさい。

> 19世紀末，ヨーロッパではドイツが中心のa三国同盟，20世紀初めにはイギリスが中心の三国協商が結ばれ，帝国主義諸国が対立した。1914年，bサラエボ事件をきっかけに，第一次世界大戦が始まり，c日本も連合国側として参戦した。大戦中，ロシアでは革命がおこり，連合国側はdシベリア出兵を行った。大戦はドイツの降伏により終結し，eベルサイユ条約が結ばれた。
>
> 大戦後，各国に民主主義が広がり，日本でもf民主主義を求める気運が高まった。1924年に加藤高明内閣が組閣され，1925年には普通選挙法が制定された。

(1) 下線部aのドイツ以外の国を，次のア〜エから2つ選びなさい。〔　　〕〔　　〕

　　ア　ロシア　　イ　オーストリア　　ウ　フランス　　エ　イタリア

(2) 下線部bがおこった「ヨーロッパの火薬庫」とよばれていた地域を書きなさい。

〔　　　　　　　〕

(3) 下線部cについて，日本は何を理由に参戦しましたか。　〔　　　　　　　〕

(4) 下線部dについて，次の問いに答えなさい。

　① 連合国軍がロシア革命に干渉した理由を，「影響」の語句を使って説明しなさい。

〔　　　　　　　　　　　　　　　〕

　② 日本ではシベリア出兵を見こした米の買い占めにより，米の安売りを求める暴動がおこりました。これを何といいますか。　〔　　　　　　　〕

(5) 下線部eについて，次の問いに答えなさい。

　① アメリカ大統領ウィルソンにより提唱され，1920年に発足した国際機関を何といいますか。

〔　　　　　　　〕

　② 日本は中国の山東省の権益を得ましたが，それに対し，中国でおきた反対運動を何といいますか。　〔　　　　　　　〕

(6) 下線部fを何といいますか。　〔　　　　　　　〕

2 世界恐慌について，次の問いに答えなさい。

(1) アメリカは，公共事業による雇用安定などで景気回復をはかりました。この政策を何といいますか。

〔　　　　　　　〕

(2) イギリスとフランスは，植民地との結びつきを強化し，外国製品に高い関税をかけました。この政策を何といいますか。　〔　　　　　　　〕

(3) 右の資料は，世界恐慌後の各国の工業生産のグラフです。Aにあてはまる国名を書きなさい。

〔　　　　　　　〕

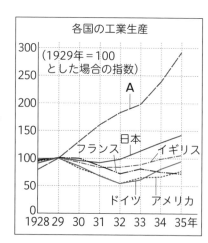

各国の工業生産

（1929年＝100とした場合の指数）

A
日本
フランス　イギリス
ドイツ　アメリカ

1928 29 30 31 32 33 34 35年

3 右の年表を見て，次の問いに答えなさい。

(1) 次のア～エは←→の間のできごとです。おこった順番に並べかえなさい。

ア　日本の国際連盟脱退　　イ　満州事変

ウ　二・二六事件　　　　エ　五・一五事件

〔　　→　　→　　→　　〕

(2) 下線部aのきっかけとなった事件を何といいますか。〔　　　　　　〕

(3) 下線部bは，ドイツがある国へ侵攻したことから始まりました。ドイツが侵攻した国はどこですか。〔　　　　　　〕

(4) 下線部cのころ，日本ではすべての政党が解散させられ，ひとつにまとめられました。この組織を何といいますか。〔　　　　　　〕

(5) 下線部dがきっかけとなって始まった戦争を何といいますか。〔　　　　　　〕

(6) 次のア～エは，下線部eまでのできごとです。おこった順番に並べかえなさい。

ア　ドイツが無条件降伏する。　　イ　アメリカ軍が沖縄へ上陸する。

ウ　イタリアが無条件降伏する。　エ　広島・長崎に原子爆弾が投下される。

〔　　→　　→　　→　　〕

年	できごと
1923	関東大震災
↕	
1937	a 日中戦争
1938	国家総動員法制定
1939	b 第二次世界大戦開戦
1940	c 日独伊三国同盟
1941	d 日本，真珠湾奇襲
1945	e 日本，ポツダム宣言受諾

4 現代の日本と世界について，次の問いに答えなさい。

(1) 次の①～④の文は，第二次世界大戦後のGHQによる日本の民主化政策について述べたものです。下線部が正しければ○，誤っていれば正しい語句を書きなさい。

① 三井・三菱などの政商が解体された。〔　　　　　　〕

② 封建的な関係を廃止し，自作農を増やすため，農地改革を行った。〔　　　　　　〕

③ 教育勅語を廃止し，教育基本法を制定した。〔　　　　　　〕

④ 女性の参政権を認め，満25歳以上の男女に選挙権をあたえた。〔　　　　　　〕

(2) 1947年に施行された日本国憲法の3つの基本原理を書きなさい。

〔　　　　　〕〔　　　　　〕〔　　　　　〕

(3) サンフランシスコ平和条約について，次の問いに答えなさい。

① 条約に調印した内閣総理大臣の名前を書きなさい。〔　　　　　　〕

② 平和条約と同時に結び，アメリカ軍の日本駐留を認めることとなった条約を何といいますか。〔　　　　　　〕

③ 平和条約に調印しなかったソ連とは，1956年に国交を回復しましたが，これを何といいますか。〔　　　　　　〕

(4) 1955年から1973年にかけておこった日本経済の急成長を何といいますか。

〔　　　　　　〕

(5) 1989年に行われた米ソ首脳会談で何の終結が宣言されましたか。

〔　　　　　　〕

❶ 次のA〜Cは，中国の書物に書かれた日本の記述を，わかりやすく書き直したものです。それぞれの書物名を書きなさい。また，書かれた日本の年代が古いものから順に記号で書きなさい。

[3点×4-12点]

A 邪馬台国には男の王がいたが…一人の女子を王とした。その名を卑弥呼といい…。

B 楽浪郡の海のかなたに倭人がいて，100余国をつくっていて…。

C 奴国が朝貢したので，光武帝は印とひもを送った…。

A [　　　　　] B [　　　　　] C [　　　　　] 順 [　　→　　→　　]

❷ 次の文を読んで，あとの問いに答えなさい。

[3点×6-18点]

> 律令政治のもとで，a 農民は戸籍にもとづいて土地があたえられ，死ねば国へ返す制度が定められた。農民はb 租調庸の税を負ったほか，地方での労役や，防人などの兵役もあり生活が苦しかった。農民の逃亡による c 土地の荒廃や人口増加のため土地が減ったので，聖武天皇は743年に □ を定め，開墾した土地の永久私有を認めた。

(1) 下線部 a のような制度を何といいますか。　　　　　　　　　[　　　　　]

(2) 下線部 b の税の内容を正しく説明したものを，次のア〜エからそれぞれ選びなさい。

租 [　　] 調 [　　] 庸 [　　]

ア 都で1年間の警備を行う。　　イ 労役のかわりに布を納める。

ウ 地方の特産物を納める。　　エ 稲の収穫高の3％を納める。

(3) 下線部 c の土地のことを何といいますか。　　　　　　　　[　　　　　]

(4) 文中の □ にあてはまる語句を書きなさい。　　　　　　　[　　　　　]

❸ 右の資料を見て，次の問いに答えなさい。[4点×4-16点]

(1) 資料A・Bの（　）にあてはまる語句をそれぞれ書きなさい。

A [　　　　　] B [　　　　　]

(2) 資料Aの中の六波羅探題は，1221年におこった倒幕事件のあとに設置されました。この事件の，倒幕側の中心人物名を書きなさい。

[　　　　　]

(3) 資料Bの時代の文化に含まれないものを，次のア〜カからすべて選びなさい。

ア 連歌　　イ 新古今和歌集　　ウ 金閣

エ 親鸞　　オ 東求堂同仁斎　　カ 能楽

[　　　　　]

資料A
将軍
地方　　（　）　　中央
地頭　守護　六波羅探題　問注所　政所　侍所

資料B
将軍
地方　　（　）　　中央
守護　鎌倉府
地頭
問注所　政所　侍所

❹ 右の年表を見て，次の問いに答えなさい。 [3点×6-18点]

(1) 下線部a～cの改革の内容に関連するものを，次のア～キからそれぞれすべて選びなさい。

a 〔　　　　　〕　b 〔　　　　　〕　c 〔　　　　　〕

ア 上知令（じょうちれい）　イ 目安箱（めやすばこ）　ウ 異学の禁（いがくのきん）　エ 棄捐令（きえんれい）

オ 公事方御定書（くじかたおさだめがき）　カ 株仲間の解散（かぶなかまのかいさん）　キ 上げ米の制（あげまいのせい）

(2) 次の①・②のできごとがおこった時期を，年表中のA～Dからそれぞれ選びなさい。

① 異国船打払令（いこくせんうちはらいれい）が出される。 〔　　　　　〕

② 鎖国（さこく）が完成する。 〔　　　　　〕

(3) 下線部bと年代的に最も近いものを，次のア～エから選びなさい。 〔　　　　　〕

ア アヘン戦争　イ 名誉革命（めいよかくめい）　ウ アメリカ独立戦争　エ フランス革命

年	できごと
1600	関ヶ原の戦い（せきがはら）
1637	島原・天草一揆（しまばら・あまくさいっき）
1716	a 享保の改革（きょうほう）
1787	b 寛政の改革（かんせい）
1841	c 天保の改革（てんぽう）
1867	大政奉還（たいせいほうかん）

（右側に A, B, C, D の区分を示す矢印）

❺ 次の各組のa～cを，年代の古いものから順に並べた組み合わせとして正しいものを，あとのア～カからそれぞれ選びなさい。 [5点×3-15点]

① 〔　　　　　〕　② 〔　　　　　〕　③ 〔　　　　　〕

① a 地租改正の実施（ちそかいせい・じっし）　b 廃藩置県の実施（はいはんちけん）　c 版籍奉還の実施（はんせき）

② a 内閣制度の制定　b 大日本帝国憲法の発布（だいにっぽんていこくけんぽう・はっぷ）　c 国会期成同盟の結成（こっかいきせいどうめい）

③ a 西南戦争の開始（せいなん）　b 日清戦争の開始（にっしん）　c 日英同盟の締結（ていけつ）

ア a→b→c　イ a→c→b　ウ b→a→c

エ b→c→a　オ c→a→b　カ c→b→a

❻ 右の年表を見て，次の問いに答えなさい。[(1)～(4)4点×4, (5)5点-21点]

(1) 下線部aの内容として誤っているものを，次のア～エから選びなさい。 〔　　　　　〕

ア 日英同盟が廃止（はいし）された。　イ 不戦条約が結ばれた。

ウ 四か国条約が結ばれた。　エ 軍縮条約が結ばれた。

(2) 下線部bの対策として，アメリカ合衆国が行った政策を何といいますか。 〔　　　　　〕

(3) 資料中の ←→ の期間のできごとを，次のア～オから3つ選び，年代の古いものから順に記号で書きなさい。 〔　　→　　→　　〕

ア 日ソ中立条約の締結　イ 日本の国際連盟脱退（こくさいれんめいだったい）　ウ 国家総動員法の制定（こっかそうどういんほう）

エ 二・二六事件の発生（にちろくじけん）　オ 日独伊三国同盟の締結

(4) 下線部c後の民主化政策で，選挙権の条件はどうなりましたか。 〔　　　　　　　　〕

(5) 下線部dの過程で発表された非核三原則（ひかくさんげんそく）とは，どのような内容ですか。次の言葉に続く形で書きなさい。

核兵器を〔　　　　　　　　　　　　　　　　　　〕

年	できごと
1914	第一次世界大戦開戦
1921	a ワシントン会議
1929	b 世界恐慌がおこる（きょうこう）
1937	日中戦争が始まる（にっちゅう）
1945	c ポツダム宣言受諾（じゅだく）
1972	d 沖縄が日本に復帰（おきなわ）

（1937と1945の間に ↕ の矢印）

初版
第 1 刷　2021年 4 月 1 日　発行
第 2 刷　2022年 2 月 1 日　発行

●編　者
　　数研出版編集部
●カバー・表紙デザイン
　　有限会社アーク・ビジュアル・ワークス

発行者　星野　泰也

ISBN978-4-410-15133-0

チャート式®シリーズ　中学歴史　準拠ドリル

発行所　数研出版株式会社

本書の一部または全部を許可なく
複写・複製することおよび本書の
解説・解答書を無断で作成するこ
とを禁じます。

〒101-0052　東京都千代田区神田小川町 2 丁目 3 番地 3
　　　　　　〔振替〕00140-4-118431
〒604-0861　京都市中京区烏丸通竹屋町上る大倉町205番地
〔電話〕代表　(075)231-0161
ホームページ　https://www.chart.co.jp
印刷　創栄図書印刷株式会社
　　　乱丁本・落丁本はお取り替えいたします　211202

「チャート式」は，登録商標です。

答えと解説

❶ 人類の出現

トライ ➡本冊 p.5

1 (1)新人

(2)A　ナイル川

B　チグリス川・ユーフラテス川

C　インダス川

D　黄河・長江

(3)A　ウ，エ

B　イ

C　オ

D　ア

2 (1)①殷　②周　③秦　④漢

(2)シルクロード (絹の道)

解説

1 (2)(3)Aはエジプト文明，Bはメソポタミア文明，Cは
インダス文明，Dは中国文明の発生地。

くわしく! 文明の発生 …………………… チャート式シリーズ参考書 ≫p.14

2 (2)秦についで中国を統一した漢は，紀元前2世紀に
は中央アジアを勢力下に置く大帝国になった。このこ
ろシルクロード (絹の道) を通って中国からは絹織物
などが西方にもたらされ，西方からは馬やぶどう，仏
教などが伝わった。

チャレンジ ➡本冊 p.5

(1)(例) 貧富の差が生まれた。(身分の上下差が生ま
れた。)

(2)(例) 洪水によって，上流から肥えた土が運ばれ，
農耕に利用できたから。

解説

(1) より多くの食料をたくわえた人が，他の人々を支配す
るようになった。

(2) 大河の流域における農耕の発達が，文明を生んだ。

❷ 縄文時代〜古墳時代

トライ ➡本冊 p.7

1 (1)位置：A　　遺跡名：吉野ヶ里遺跡

(2)縄文時代：ア，ウ

弥生時代：イ，エ

2 (1)魏

(2)親魏倭王

(3)大和政権 (大和朝廷)

(4)埴輪

解説

1 (1)吉野ヶ里遺跡は，集落の周りが堀で囲まれており，
物見やぐらもあった。

2 紀元前後の日本のようすは，中国の歴史書に書かれて
いる。

くわしく! むらから国へ …………… チャート式シリーズ参考書 ≫p.19

チャレンジ ➡本冊 p.7

(1)高床倉庫

(2)(例) 収穫した米を貯蔵するため。

解説

(1) 銅鐸，銅矛などの青銅器は，主に祭礼に使われた。

くわしく! 弥生文化の成立 ………… チャート式シリーズ参考書 ≫p.18

❸ 飛鳥時代

トライ ➡本冊 p.9

1 (1)推古

(2)摂政

(3)中大兄皇子

2 (1)①天武　②大宝律令

(2)① a 神祇官　　b 郡司

② 中央の貴族

解説

2 (2)律令制にもとづき統治を行う国家を律令国家という。

くわしく! 大宝律令 ………………… チャート式シリーズ参考書 ≫p.34

チャレンジ ➡本冊 p.9

(1)(例) 対等な関係

(2)(例) 豪族による土地や人民の支配から，国家に
よる土地と人民の支配に改革しようとした。

解説

(1) これまでは日本が中国に臣属する関係だった。

(2) これを公地公民といい，律令政治の基本的な方針となっ
た。

❹ 奈良時代

トライ ➡本冊 p.11

1 (1)6人　(2)エ

2 (1)防人

(2)万葉集

(3)イ

❼ 鎌倉幕府の成立

トライ　→本冊p.17

1 (1)A　執権　　B　地頭　　C　政所
　(2)ウ
　(3)北条泰時
2 (1)①浄土宗　②親鸞　③一遍
　　　④臨済宗　⑤道元　⑥日蓮
　(2)①○　②新古今和歌集　③平家物語

解説

1 (2)六波羅探題が設置されていることから，承久の乱
後の時期であることがわかる。後鳥羽上皇は承久の乱
をおこして，隠岐に流された。
　(3)御成敗式目(貞永式目)は，北条泰時が1232年に定
めた，御家人の土地紛争などの裁判をする際の基準と
なったもの。
2 (2)①同じ田畑で米と麦を交互につくることを二毛作
という。
　　②「古今和歌集」は，紀貫之らが平安時代にまとめ
た歌集。
　　③「平家物語」には平氏の栄華と滅亡が描かれてい
る。

チャレンジ　→本冊p.17

　(1)奥州藤原氏
　(2)(例) 土地をなかだちに，将軍と御恩と奉公の関
　　　係を結んだ武士。

解説

(2) このような主従関係のしくみを封建制度という。

❽ 室町幕府の成立

トライ　→本冊p.19

1 (1)フビライ・ハン
　(2)北条時宗
　(3)ア，イ
2 (1)政所
　(2)管領
　(3)守護大名
　(4)足利義満

解説

1 日本は元軍の集団戦法や火薬の使用に苦しめられたが，
暴風雨などの影響で元軍をしりぞけることができた。
　(3) 御家人は元軍と戦ったが十分な恩賞が得られず，
借金をして土地を手放した者もいた。
2 (2)有力な守護大名が務めた。

チャレンジ　→本冊p.19

　(1)後醍醐天皇
　(2)建武の新政
　(3)(例) 武家のしきたりを無視し，天皇・公家が中
　　　心の政治を行ったから。

解説

(1) このあと，吉野(奈良)で南朝を開く。
(2) 後醍醐天皇は，公家と武家を統一した天皇中心の新し
い政治を始めた。
(3) 建武の新政は，実際には武士を否定し，公家を重視す
る政策だった。

❾ 応仁の乱と室町時代の文化

トライ　→本冊p.21

1 (1)①オ　②エ　③カ　④ア
　(2)1467年
　(3)X　足利義政
　　Y　侍所
　　Z　管領
2 A，D

解説

1 将軍の後継者問題と守護大名の対立が結びついておこっ
た応仁の乱は，京都を戦場とし，戦乱は地方へ広がり，
下剋上の世となっていった。
2 B　観阿弥・世阿弥が完成させたのは能(能楽)。
　C　銀閣は京都の東山に建てられた。

チャレンジ　→本冊p.21

　(1)正長の土一揆
　(2)(例) 借金を帳消しにすること。

解説

(1) 正長の土一揆は，最初の土一揆といわれ，その後，近
畿地方を中心に土一揆がしばしばおこった。
(2) 借金を帳消しにすることを徳政といい，徳政を求める
一揆を徳政一揆という。

くわしく!　村の自治と一揆 …………　チャート式シリーズ参考書 ≫p.70

❶ (1) (例) 祭礼などに使われた。
　(2) 卑弥呼
　(3) 天皇の命令
　(4) (例) 天皇中心の国づくり
　(5) 大宝律令
❷ (1) 聖徳太子
　(2) 聖武
　(3) 万葉集
　(4) ウ
❸ (1) 平安京
　(2) ① 摂政　② 関白　③ 道長　④ 頼通
　(3) 宋
　(4) 御家人
　(5) 執権
　(6) イ，ウ
❹ (1) 元寇
　(2) (例) 十分な恩賞をもらえなかったから。
　(3) 倭寇
　(4) 徳政
　(5) 足利義政

解説

❶ (1) 銅剣，銅矛，銅鐸などが出土している。鉄器も伝わったが，こちらは武器や工具に使われた。
　(2) 中国の歴史書「魏志」倭人伝に，当時の日本のようすが記されている。
　(3) 十七条の憲法には役人の心構えが示されている。
　(4) 中大兄皇子と中臣鎌足は，天皇中心の国家をつくろうとした。
　(5) 律令の律は，刑罰に関するきまりのことで，令は，政治のしくみや進め方についてのきまりのことである。律令制のもとで人々はさまざまな負担を課せられた。

くわしく！ 班田収授法と農民 ……… チャート式シリーズ参考書 ≫p.36

❷ (1) 法隆寺は現存する世界最古の木造建築物。
　(2) 聖武天皇は仏教の力で国を守ろうとした。
　(3) 「万葉集」は奈良時代末に編さんされた和歌集で，天皇や貴族だけでなく，防人や農民の歌など約4500首が収められている。
　(4) ア　紀貫之は，「古今和歌集」をまとめた。
　　イ　清少納言は，「枕草子」を書いた。
　　エ　藤原定家は，「新古今和歌集」を編さんした。

❸ (1) 都を平安京に移してから鎌倉幕府成立までの約400年間を平安時代という。
　(2) 10世紀中ごろから，摂政，関白が置かれるようになり，他の貴族をしりぞけた藤原氏がその座を独占した。
　(3) 宋との貿易を日宋貿易という。平氏は日宋貿易で大きな利益を得た。
　(4) 将軍は御家人の領地を保障したり，新たに土地をあたえたりするかわりに，御家人は将軍に忠誠を誓い，戦時には出陣し，平時には京都や鎌倉の警備にあたった。
　(5) 執権は，将軍を補佐し，政務をまとめて行う役職のこと。北条氏は執権として幕府の主導権をにぎった。
　(6) ア　守護・地頭は鎌倉幕府成立時に設置された。
　　エ　荘園整理令は平安時代の院政が始まる前，後三条天皇が出したもの。

❹ (1) 元は二度にわたって襲来した。一度目は，短期間で力を見せつける目的で，高麗との対立などもあり，元は退却した。二度目は，暴風雨の被害を受けて，元は退却した。
　(2) このころの御家人の生活は苦しく，元軍との戦いに備えるための出費は大きかった。借金をして土地を失う者もいた。そのため，元寇で恩賞の土地がもらえなかったことは大きな不満となった。
　(3) 14世紀半ば，沿岸をおそう日本人の武装集団が現われ，中国や朝鮮の人々は彼らを倭寇とよんで恐れた。
　(4) 借金の帳消しでも可。
　(5) 応仁の乱は8代将軍足利義政の後継者問題から発展していった。京都は焼け野原となり，戦乱は地方へと広がり，下剋上の風潮が広まった。

くわしく！ 応仁の乱と下剋上の世 … チャート式シリーズ参考書 ≫p.71

❿ ヨーロッパ世界とイスラム世界

トライ ➡ 本冊p.25

1 (1) A バスコ・ダ・ガマ

　　 B コロンブス　　 C マゼラン

(2) X スペイン　　 Y ポルトガル

(3) エ

2 ① イスラム教　② ドイツ　③○

④○　⑤ 羅針盤

解説

1 (1) C　マゼランは，航海の途中で亡くなったが，彼の
船隊は世界周航を果たした。

(3) インカ帝国は現在のペルーの位置にあった。

2 ② スイスで宗教改革を行ったのはフランス人のカルバ
ン。

③ ルターやカルバンらの一派はプロテスタント (新教)，
ローマ教会側の一派はカトリック (旧教) という。

チャレンジ ➡ 本冊p.25

(1) ウ

(2) (例) 領内の仏教勢力に対抗するため。

解説

(1) 南蛮人 (ポルトガル人やスペイン人) との貿易を南蛮貿
易という。

くわしく！　鉄砲とキリスト教の伝来

　　　　　　　……………… チャート式シリーズ参考書 ≫p.88

⓫ 信長と秀吉の統一事業と桃山文化

トライ ➡ 本冊p.27

1 (1) 織田信長

(2) 桶狭間：今川義元　　 長篠：武田勝頼

(3) S

2 (1) 豊臣秀吉

(2) イ

(3) 織田信長：ア，ウ，オ

(1)の人物：イ，エ

解説

1 (2) 桶狭間の戦いで破った今川義元は東海の有力な大
名であった。長篠の戦いでは，甲斐の国 (山梨県) を
治めていた武田勝頼が織田軍に攻め込んだが，織田軍
が準備していた鉄砲隊により破れた。

(3) 安土城は滋賀県の琵琶湖の東岸に築かれた。

2 (2) 領主に報告させる形では嘘の報告が混じることもあ
るため，豊臣秀吉は検地奉行を派遣して検地を行うこ
とが多かった。

(3) イ　関白を辞任したものに許された称号が太閤であ
るが，のちに太閤は豊臣秀吉のことを指すようになっ
た。

チャレンジ ➡ 本冊p.27

(例) 武士と農民・町人の身分が固定された。

解説

これを兵農分離という。

くわしく！　検地と刀狩 ……………… チャート式シリーズ参考書 ≫p.90

⓬ 江戸幕府の成立

トライ ➡ 本冊p.29

1 (1) A ウ　　 B ア　　 C オ

(2) 譜代大名

(3) 約4分の1

2 (1) X 農民 (百姓)　　 Y 武士

(2) ① 本百姓　　 ② 水のみ百姓

解説

1 (2) 江戸幕府は大名を統制し，大名を親藩，譜代，外様
に分けた。

(3) 全国の石高が約2600万石，そのうち幕府の直轄地
(幕領または天領ともいう)の石高が約400万石，旗本・
御家人の石高が300万石あり，これらの大きな財源は
幕府存続の支えとなった。

2 百姓に対しては五人組の制度をつくり，犯罪の防止や
年貢の納入に連帯責任を負わせるようにした。

くわしく！　農民と町人のくらし …… チャート式シリーズ参考書 ≫p.102

チャレンジ ➡ 本冊p.29

(1) 参勤交代

(2) 約半分 (約5割)

解説

(2) 参勤交代には，大名に経済的な余裕をあたえないとい
う目的があった。

⓭ 鎖国

トライ ➡本冊 p.31

1 (1)日本町

(2)朱印船

(3)輸入品：イ

輸出品：ウ

2 ①オ ②カ ③イ

解説

1 徳川家康は，鎖国が行われるまでの江戸時代初期に，朱印状を発行して東南アジアとの貿易を奨励した。

くわしく！ 朱印船貿易と日本町 …… チャート式シリーズ参考書 >>p.103

チャレンジ ➡本冊 p.31

(1)エ

(2)(例) キリスト教徒が団結し，一向一揆のような対抗勢力になることを恐れたから。

解説

(1) ポルトガル船の来航禁止は，島原・天草一揆よりあとである。

⓮ 江戸時代の産業と綱吉の政治

トライ ➡本冊 p.33

1 (1)A 中山道

B 甲州道中

C 東海道

(2)X 西廻り航路

Y 東廻り航路

(3)ア

2 ①2 ②唐箕 ③〇 ④〇 ⑤港町

3 イ，オ

解説

1 (1) Aは江戸と草津(滋賀県)を結んだ街道。Bは江戸と下諏訪を結んだ街道。Cは江戸と京都を結んだ街道。
(3)大阪は経済の中心地であった。

3 ア 「新古今和歌集」は鎌倉時代に藤原定家が編さんした。
ウ 菱川師宣が描いたのは「見返り美人図」。「風神雷神図屛風」を描いたのは俵屋宗達。
エ 「紅白梅図屛風」を描いたのは尾形光琳。
カ 松尾芭蕉の「奥の細道」は軍記物ではなく紀行文。

チャレンジ ➡本冊 p.33

(1)江戸時代初期 (から) 江戸時代中期 (の間)

(2)(例) 幕府や多くの藩が，年貢の増収をはかるために，新田開発を進めたから。

解説

(1) 江戸時代の前半は大開発の時代で，開墾が進み，18世紀初めのころの耕地面積は，太閤検地のころの約2倍になった。

(2) 農業技術も進歩し，鉄製の備中ぐわや，千歯こき，唐箕などの農具により，生産性が上がった。加えて，肥料の改善などもあり，米以外にも，商品作物の栽培も可能になった。

⓯ 享保の改革と寛政の改革

トライ ➡本冊 p.35

1 (1)人物名：徳川吉宗

行った改革：享保の改革

(2)田沼意次

(3)ア，エ，オ，カ

2 ①イ ②ア ③ウ

解説

1 (1) 8代将軍徳川吉宗が行った改革は享保の改革。主な政策は，上げ米の制，足高の制，目安箱の設置，公事方御定書の制定など。
(2) 田沼意次は商人の資本を利用して，印旛沼の干拓を計画したが，失敗に終わった。
(3) 松平定信が行った改革は寛政の改革。寛政の改革はあまりに厳しく，大きな成果はあげられなかった。

2 ①→②→③の順に発展していった。

くわしく！ 社会の変動と工場制手工業の出現
……………………… チャート式シリーズ参考書 >>p.122

チャレンジ ➡本冊 p.35

(1)(例) 石高が5石以下の農家が最も増え，5〜20石の農家が最も減っている。

(2)(例) 豊かな農家と貧しい農家に二極化した。

解説

貧しさのために，土地を売って小作人になる者が増加した。

16 江戸時代の学問と天保の改革

トライ →本冊p.37

1 (1)エ

(2)レザノフ

(3)高野長英

2 (1)① × ② × ③ ○ ④ ○

(2)イ，カ

解説

1 (1) ラクスマンは根室に来航し，日本の幕府に通商を求めた。

(2)長崎に来航したロシア使節はレザノフ。

(3)蘭学者の高野長英と渡辺崋山は，異国船打払令を出して実行した幕府を批判した書物を書いたため，幕府から処罰を受けた。これを蛮社の獄という。

2 (1)① 富嶽三十六景は葛飾北斎の作品。

② 川柳は和歌ではなく俳句の形式である。

(2)水野忠邦の行った改革は，天保の改革。

イ　株仲間の解散は，物価を下げる目的で命じたが逆効果で物価は上がった。

カ　上知令は，財政の安定のため，江戸・大阪周辺の大名や旗本の領地を幕領としようとして出されたが，大名らの反対にあい撤回された。

そのほか，ぜいたくを禁じる倹約令，江戸に出かせぎにきていた農民を農村に帰す人返し令などを出したが，2年余りで失脚した。

チャレンジ →本冊p.37

(1)オランダ

(2)(例) 徳川吉宗がキリスト教に関係しない洋書の輸入を一部認めたから。

解説

(1) 杉田玄白は，前野良沢らとともに，オランダ語版の医学書の翻訳に取り組み，「解体新書」として出版した。

(2) 蘭学が広がることで，近代日本において科学的・合理的な西洋の考え方を受け入れる下地ができた。

くわしく！　国学と蘭学 ……………　チャート式シリーズ参考書 ≫p.123

確認問題② →本冊p.38

1 (1)香辛料

(2)コロンブス

(3)鉄砲

(4)ザビエル (フランシスコ・ザビエル)

2 (1)桶狭間の戦い

(2)比叡山延暦寺の焼き討ち，キリスト教の保護

(3)政策の名前：楽市・楽座

内容：(例) だれでも自由に商工業ができるようにした。

(4)明智光秀

(5)① 太閤検地　② 刀狩　③ 兵農分離

(6)① 桃山文化　② 千利休　③ ウ　④ 歌舞伎

3 (1)関ヶ原の戦い

(2)幕藩体制

(3)親藩

(4)徳川家光

(5)(例) 一向一揆のような対抗勢力となるのを恐れたため。

(6)絵踏

4 (1)徳川綱吉

(2)① b 徳川吉宗　　c 松平定信　　d 水野忠邦

② b イ，オ　　c ア，エ　　d ウ，カ

(3)異国船打払令

(4)イ，エ

解説

1 (1) アジアの香辛料は調理や保存に必要で，高価なものだった。

(2) コロンブスは当初，大西洋を横断してアジアへ向かう計画を立てていたが，たどり着いたのはカリブ海の島だった。

(3) 鉄砲は種子島に伝わり，国産化され，その後の戦術や築城法に影響をあたえた。

(4) ポルトガル・スペインは，宣教師による布教活動，貿易，植民地獲得を行っていた。

2 (1)1560年，織田信長は桶狭間の戦いで今川義元を破った。

(2)比叡山延暦寺は，ばく大な荘園をもち，多くの僧兵を抱えており，巨大な勢力であった。また，織田信長が当時対立していた大名らをかくまうなど，信長に反発していたため，焼き討ちにされた。

(3)楽市・楽座によって，市に参加する際の税が免除され，座の特権がなくなり，自由な商工業が発展した。

(4) 京都の本能寺に攻め入られ，織田信長は自害した。

(5) ② 刀狩は，大仏建立の釘などに利用するという名目で行われた。

(6) ① 大名や大商人が文化のにない手であった。城にそびえ立つ天守は大名の権威を示したものである。

3 (1) 徳川家康らの東軍と，石田三成らの西軍が対立した。

(3) 親藩の中でも，尾張・紀伊・水戸家は御三家とよばれた。

(4) 制度化されたのは，3代将軍徳川家光のとき。参勤交代は謀反防止のために行われ，大名にとっては大きな負担であった。

(5) 領主への忠誠より神への信仰を重んじるキリスト教の考えが，幕府の考えに反していた。

(6) 役人の前でイエスの像などを人々に踏ませた。

4 (1) 5代将軍徳川綱吉は，文治政治を行った。

(2) 享保の改革は徳川吉宗，寛政の改革は松平定信，天保の改革は水野忠邦が行った。

(3) 1837年には，日本人の漂流民を送り届け，通商を求めたアメリカのモリソン号に対し，砲撃する事件がおこった。

(4) ア 「東海道中膝栗毛」は十返舎一九が描いた小説。井原西鶴は「好色一代男」などの浮世草子を大成した。
ウ 「紅白梅図屛風」は尾形光琳の作品。菱川師宣は，「見返り美人図」などの浮世絵を描いた。

くわしく！ 元禄文化 ……………… チャート式シリーズ参考書 ≫p.117

くわしく！ 化政文化 ……………… チャート式シリーズ参考書 ≫p.124

17 欧米諸国の動向

トライ ➡本冊p.41

1 (1) イ　(2) c モンテスキュー　　d ルソー

(3) b イ　　e ウ

2 (1) ワシントン

(2) 北部：イ，ウ，カ　　南部：ア，エ，オ

解説

1 (1) 絶対王政とは，強大な王権による専制政治のことをいう。

(2) モンテスキューは「法の精神」で三権分立を説いた。ルソーは「社会契約論」で「人は生まれながらにして平等である」と人民主権を主張した。

2 (2) アメリカ北部では商工業が発達し，南部では黒人奴隷による農業がさかんであった。

くわしく！ 19世紀の欧米諸国 …… チャート式シリーズ参考書 ≫p.141

チャレンジ ➡本冊p.41

(1) 三権分立

(2) (例) 貧富の差が大きく，第三身分である平民だけが税を負担していた。

解説

(1) 立法・行政・司法の権力を分立させて，国家の権力が1つに集中しないようにすること。

(2) 第三身分の平民が全人口の90％を占めていた。

くわしく！ フランス革命 …………… チャート式シリーズ参考書 ≫p.138

18 開国と江戸幕府の滅亡

トライ ➡本冊p.43

1 (1) B　(2) D　(3) 薩摩藩

2 (1) ① 生糸　② 上昇　③ 桜田門外の変　④ ○

　　⑤ 薩摩藩

(2) ウ→イ→ア→エ

解説

1 (1) ペリーは浦賀に来航した。

(2) 日米和親条約では函館と下田，日米修好通商条約では，函館・神奈川(横浜)・長崎・新潟・兵庫(神戸)が開港された。

(3) 薩摩藩は生麦事件の報復としてイギリスから砲撃を受けた。これを薩英戦争という。

2 (1) ③ 安政の大獄は，井伊直弼が開国政策批判者を処罰したことである。

チャレンジ ➡ 本冊 p.43

(1)(例) 外国と日本では金と銀の交換比率が異なり, 日本で銀を多くの金に交換できたから。

(2)(例) アメリカ国内で南北戦争がおこり, 日本との貿易ができなくなったから。

解説

(1) 当時, 日本では金1：銀5で交換していた。外国では金1：銀15で交換されていた。

⓳ 明治維新

トライ ➡ 本冊 p.45

1 (1) 五箇条の御誓文 (2) エ

  (3)① 官営模範工場 ② 富岡製糸場

2 ウ

解説

1 (2) エ 解放令が出されたのは1871年。
  (3) 殖産興業政策の一つであった。

くわしく！ 地租改正と殖産興業 … チャート式シリーズ参考書 >> p.156

チャレンジ ➡ 本冊 p.45

(1) 地券

(2)(例) 各地で地租改正に反対する一揆がおきたため, 地価の3％だった税率が, 2.5％に引き下げられた。

解説

(2) 地価の3％という税率は, 江戸時代の年貢とほぼ同額の負担だったため, 国民の不満が高まった。

⓴ 明治政府の外交政策

トライ ➡ 本冊 p.47

1 (1) 樺太・千島交換条約 (2) 征韓論

  (3) ア (4) 清

2 ① 文明開化 ②○ ③ 学問のすゝめ ④○

解説

1 (1) これにより, 樺太はロシア領, 千島列島は日本領と確定した。
  (4) 琉球藩は薩摩藩と清の両方に服属していたが, 政府が軍事力で琉球藩を廃止し沖縄県を置いた。
2 ③「民約訳解」は中江兆民がルソーの「社会契約論」を翻訳したもの。

チャレンジ ➡ 本冊 p.47

(1) 日朝修好条規

(2)(例) 朝鮮にとって不平等な内容になっていた。

解説

(2) 日本は朝鮮に3港の開港, 領事裁判権と通商の自由などを認めさせた。

くわしく！ 朝鮮との外交 ………… チャート式シリーズ参考書 >> p.158

㉑ 大日本帝国憲法

トライ ➡ 本冊 p.49

1 (1)① 民撰議院設立の建白書 ② 立志社

  (2) ウ (3) ア, エ (4)① Z ② Y ③ Y

2 ①○ ② 立憲改進党 ③ 埼玉県

解説

1 (1)② 板垣退助が郷里の高知で立ち上げた。のちに, 国会期成同盟で中心的役割を果たした。
  (4)① 内閣制度は1885年, 大日本帝国憲法に先立ってつくられた。
    ③ 西南戦争以降, 政府への批判は言論によるものへと転換していった。
2 ① 自由民権運動は, 新聞や雑誌で意見を発表したり, 集会で演説をしたりしていたので, 政府はそれらを取り締まった。

チャレンジ ➡ 本冊 p.49

(1)(例) 有権者は, 直接国税15円以上を納める満25歳以上の男子のみだったから。

(2)(例) 与党よりも野党のほうが多数を占めていたから。

解説

(1) 資格に納税額の制限がある制限選挙であった。

くわしく！ 帝国議会の開会 ……… チャート式シリーズ参考書 >> p.170

㉒ 日清戦争・日露戦争

トライ ➡ 本冊 p.51

1 (1) 甲午農民戦争 (東学党の乱)

  (2) C (3) ア (4) ア

2 (1) 鹿鳴館 (2) ノルマントン号

  (3) 領事裁判権 (治外法権)

  (4) 相手国：イギリス 外務大臣：陸奥宗光

解説

1 (2)日清戦争の講和条約を下関条約という。
(3)(4)日清戦争後の遼東半島の返還要求を三国干渉という。

チャレンジ ➡本冊p.51

(例)日露戦争では，日清戦争よりも多くの死者を出し，多額の軍事費を費やしたにもかかわらず，ポーツマス条約で賠償金を得ることができなかったから。

解説

日本はポーツマス条約によって，南満州鉄道株式会社と樺太の南半分を獲得したが，賠償金は獲得できなかった。

くわしく! 日露戦争 ……………… チャート式シリーズ参考書 ≫p.175

㉓ 韓国の植民地化・日本の近代化

トライ ➡本冊p.53

1 (1)工場法 (2)ウ (3)ウ
2 ①カ ②ウ ③イ ④オ ⑤ア ⑥キ

解説

1 (1)(2)産業革命，資本主義の発展にともない，労働問題が発生した。

くわしく! 社会問題の発生 ……… チャート式シリーズ参考書 ≫p.179

(3)1911年，小村寿太郎が条約改正を達成した。
2 エ 志賀潔は赤痢菌を発見した。
ク 与謝野晶子は歌集「みだれ髪」や，日露戦争の際に出征した弟を案じて発表した詩が有名。
ケ 坪内逍遙は写実主義の作家で，「小説神髄」を著した。
コ 島崎藤村は初めはロマン主義であったが，のちに自然主義に転じ，「破戒」で大きな評判を得た。

くわしく! 近代の文化 ………… チャート式シリーズ参考書 ≫p.180

チャレンジ ➡本冊p.53

(1)日清戦争
(2)(例)中国・朝鮮向けの輸出が増加したから。

解説

(2)日清戦争の結果，日本は中国・朝鮮への販売市場を独占することができた。

確認問題③ ➡本冊p.54

❶ (1)②→③→①
(2)a ウ　b イ　c ア
❷ (1)井伊直弼
(2)安政の大獄
(3)坂本龍馬
(4)徳川慶喜
(5)五箇条の御誓文
(6)①版籍奉還
②廃藩置県
③(例)中央集権国家をつくるため。
④富国強兵
⑤(例)政府の財政を安定させるため。
❸ (1)西南戦争
(2)自由民権運動
(3)b 板垣退助　c 大隈重信
(4)伊藤博文
(5)①ウ　②天皇
(6)衆議院
❹ (1)①陸奥宗光　②小村寿太郎
(2)遼東
(3)ロシア
(4)韓国
(5)与謝野晶子

解説

❶ (1)①はフランス革命，②はイギリスの名誉革命，③はアメリカ独立戦争。
(2)やがて清がアヘンの密輸入を取り締まったことに対し，イギリスが軍艦を派遣し，アヘン戦争がおこった。

くわしく! ヨーロッパのアジア侵略
……………………………… チャート式シリーズ参考書 ≫p.142

❷ (1)井伊直弼は，朝廷の許可を得ずに条約に調印した。
(2)井伊直弼が，開国反対派の公家や大名を処罰し，攘夷論を唱える長州藩の吉田松陰らを処刑した。
(3)坂本龍馬は土佐藩の出身。
(4)徳川慶喜は江戸幕府の最後の将軍となった。
(5)1868年，天皇が神に誓う形で発布し，政治は会議を開いて決めること，知識を世界から学んで国を発展させることなどの方針を示した。
(6)③版籍奉還だけでは，旧藩主はそのまま知藩事となり地方を支配していたので，中央集権化が不十分であった。廃藩置県の際，県令・府知事を中央から派遣したこ

とにより, 中央集権国家が実現した。

⑤年貢米での収入は, 凶作などがおこると収穫量や米価が安定しないため, 地価を基準にして現金で納めさせるようにして, 毎年一定の収入を見込めるようにした。

❸(2)明治政府は薩摩藩・長州藩・土佐藩・肥前藩の出身者による発言権の強い専制政治で, それを批判し, 参政権確立をめざす運動がおこった。

(5)ドイツ(プロイセン)の憲法は君主権の強い憲法だった。

❹(1)領事裁判権の撤廃は1894年, 関税自主権の回復は1911年に実現した。

(2)日清戦争に勝利した日本は, 清から遼東半島・台湾・澎湖諸島を手に入れた。

(3)ロシアは中国への進出を狙っており, 日本の勢力拡大を警戒していた。

(4)韓国併合後, 韓国を朝鮮と改め, 支配した。

くわしく! 韓国の植民地化 ……… チャート式シリーズ参考書 ≫p.176

24 第一次世界大戦

トライ ➡本冊p.57

1 (1)ドイツ (2)ヨーロッパの火薬庫 (3)ウ

2 (1)イ (2)エ (3)日英同盟

解説

1 (1)図の右側が三国同盟, 左側は三国協商である。

(2)バルカン半島は複数の民族が混在していたり, 大国の利害関係も含んでいたりして, 紛争が絶えなかった。

(3)ウ シベリア出兵は, ロシア革命の自国への影響を恐れた連合国側が行ったことである。

2 (1)ア ドイツはすべての植民地と本国の一部を失った。

ウ 民族自決の原則が適用されたのはヨーロッパの国だけであった。

エ 日本は, ドイツがもっていた中国の山東省の権益を獲得した。

(3)四か国条約とは, アメリカ・イギリス・フランス・日本の四か国間で結ばれた, 太平洋地域の安全と現状維持を取り決めた条約である。

くわしく! 国際協調の時代 ……… チャート式シリーズ参考書 ≫p.196

チャレンジ ➡本冊p.57

(1)ウィルソン

(2)(例)第一次世界大戦後の世界平和を守るため。

(3)(例)アメリカなどの大国が参加せず, 加盟国に偏りがあったから。

解説

(3)敗戦国であるドイツと社会主義国であるソ連は除外, アメリカは国内議会の反対によって国際連盟に参加できなかった。

25 大正デモクラシー

トライ ➡本冊p.59

1 (1)原敬 (2)イ (3)ア (4)ウ, エ

2 イ, ウ, オ

解説

1 (1)原敬は日本で初めての平民出身の総理大臣で, 普通選挙を望む国民の期待を集めたが, 普通選挙には消極的であった。

(3)米騒動がおこったとき, 総理大臣は陸軍出身の寺内正毅だった。寺内内閣はこの騒動を軍隊まで出動させなければ鎮圧できず, 政党や世論から批判も強ま

り，寺内正毅は辞任し，原内閣が成立した。

(4)第二次護憲運動は，1924年に清浦奎吾が貴族院中心の内閣を組織したことに対しておこった運動。結果，清浦内閣は解散し，憲政会党首の加藤高明が首相となり内閣を組織した。

2 ア　美濃部達吉が主張したのは天皇機関説。

　 エ　小作争議などの農民運動を指導したのは，日本農民組合。

チャレンジ ➡本冊p.59

(1)ア，イ，ウ

(2)(例)満25歳以上のすべての男子。

解説

納税額による制限のあった選挙を制限選挙という。1925年の普通選挙法によって納税額による制限がなくなり，有権者は約4倍に増加した。

26 世界恐慌とファシズム

トライ ➡本冊p.61

1 (1)①F　②C　③D　④E　⑤A

　 (2)国家総動員法

2 ①蒋介石　②犬養毅　③○　④○

　 ⑤大日本産業報国会

解説

1 (1)①戦時下において，「挙国一致」の体制をとるべく，政党は解散し，大政翼賛会にまとめられた。
　②国際連盟は，日本の行動は侵略行為であるとし，満州国の独立は認めなかった。これを不服として，日本は国際連盟を脱退した。
　④北京郊外でおこった盧溝橋事件をきっかけに，日中戦争へと発展していった。
　⑤満州にいた日本軍（関東軍）が，柳条湖で南満州鉄道の路線を爆破し，攻撃を開始した。
(2)資金，物資，労働力などを，政府の出す勅令によって動員できるようにした法律である。

2 ②五・一五事件のことである。
　③1936年まで中国国内では国民党と共産党による内戦が続いていた。

チャレンジ ➡本冊p.61

(1)(例)満州は日本の生命線であると考え，恐慌による日本の危機を中国侵略で打開しようとしたから。

(2)(例)国際的に孤立するようになった。

解説

中国国内を統一した蒋介石が，外国がもつ権益を回収すべく動き，現地にいた関東軍はそれに対し警戒した。

くわしく！　満州事変 ……………… チャート式シリーズ参考書 ≫p.211

27 第二次世界大戦

トライ ➡本冊p.63

1 (1)A　アメリカ　　C　中国

　 (2)エ　(3)ドイツ，イタリア　(4)日ソ中立条約

2 ①×　②○　③×　④○　⑤×　⑥×

解説

1 (1)ABCD包囲陣という経済制裁である。
　(3)日独伊三国同盟のこと。ファシズムをかかげるドイツ，イタリアと組んだことで，反ファシズムのアメリカ，イギリス陣営と敵対することとなった。
　(4)ソ連は1945年，これを破って対日参戦した。

2 ①ドイツが併合したのはオーストリアのみ。
　②1939年に独ソ不可侵条約が結ばれた。
　③日本がハワイの真珠湾を攻撃したことにより，太平洋戦争が始まった。
　④近衛内閣では，東条英機は陸軍大臣であった。
　⑤日本に無条件降伏を求めるポツダム宣言は，アメリカ，イギリス，中国がドイツのベルリン郊外で行われた会議で発表した。ヤルタ会談では，ソ連の対日参戦が密約された。
　⑥アメリカ軍が上陸したのは沖縄。

チャレンジ ➡本冊p.63

(1)日本

(2)(例)戦争を続けるさまたげになるような情報が出されなかったから。

解説

戦時中の日本は，政府によって情報が厳しく統制されていた。

28 戦後改革と冷戦

トライ ➡本冊p.65

1 (1)名称：日本国憲法　施行：1947年5月3日

(2)平和主義

(3)冷戦 (冷たい戦争)

(4)中華人民共和国

(5)朝鮮戦争

(6)北緯38度

2 (1)GHQ

(2)独占禁止法

(3)財閥解体

(4)教育基本法

解説

1 (1)日本国憲法の公布日と施行日はよく問われる。公布は，新しい法律を国民に周知することで，施行はその法律が実際に効力を発生させること。

(2)あとの2つは，基本的人権の尊重，国民主権である。

(3)アメリカを中心とする西側陣営と，ソ連を中心とする東側陣営との対立のこと。

(4)強力な社会主義国家の建設が進められた。

(5)(6)朝鮮戦争の背景にはアメリカ，ソ連の対立があった。

くわしく！　朝鮮戦争 ……………　チャート式シリーズ参考書 ≫p.231

2 (1)GHQは連合国軍最高司令官総司令部のこと。

(2)(3)財閥による独占が行われないようにした。

(4)それまでの教育勅語は軍国主義の根本とされ，廃止された。

チャレンジ ➡本冊p.65

(1)農地改革

(2)(例) 日本の農村が小作農を減らし，自作農を増やすことによって民主化されると考えていた。

解説

小作人は地主に高いお金を払って土地を借りて農業をしていて，地主が小作人を支配する封建的な関係ができていた。しかし農地改革により地主と小作人の封建的な関係はなくなり，小作人は自作農となり，農業生産も向上し，民主化されていった。

29 国際社会への復帰

トライ ➡本冊p.67

1 (1)サンフランシスコ平和条約

(2)吉田茂

(3)A　ウ　　B　イ　　C　ア　　D　エ

(4)①イ　②ア　③エ

2 (1)55年体制

(2)少子高齢社会

(3)温室効果ガス

(4)バブル景気

解説

1 (1)このとき，日本はアメリカをはじめとする48か国と講和条約を結んだ。

(3)日本はサンフランシスコ平和条約で，朝鮮の独立を認め，台湾・千島列島・南樺太などを放棄することになった。

(4)①ソ連との間には北方領土問題があり，ソ連は平和条約に調印しなかった。のちに日ソ共同宣言を発表し，国交を回復した。

②中国は，朝鮮戦争で国連軍と交戦中だったことなどもあり，招待されなかった。

③インドは，日本と講和する必要がある戦争をしていない，という見解のため参加しなかった。

2 (1)1955年の保守合同によって自由民主党が成立して与党となり，38年間，政権をとり続けたときの体制。

チャレンジ ➡本冊p.67

(1)1974年

(2)(例) 原油の輸入価格の値上がり。

(3)(例) 経済成長が8％を超える年が多いが，(1)よりあとの時期は，経済成長が6％以下になった。

解説

高度経済成長は1950年代中ごろから始まり，1973年の石油危機 (オイルショック) とともに終わった。石油危機とは，第4次中東戦争をきっかけとする石油価格の高騰のことである。

❶ (1)イ，エ

(2)バルカン半島

(3)日英同盟

(4)① (例) 自国への革命の影響を恐れたため。

　②米騒動

(5)① 国際連盟　②五・四運動

(6)大正デモクラシー

❷ (1)ニューディール政策

(2)ブロック経済

(3)ソ連

❸ (1)イ→エ→ア→ウ

(2)盧溝橋事件

(3)ポーランド

(4)大政翼賛会

(5)太平洋戦争

(6)ウ→イ→ア→エ

❹ (1)① 財閥　②○　③○　④20

(2)国民主権，基本的人権の尊重，平和主義

(3)① 吉田茂

　②日米安全保障条約 (日米安保条約)

　③日ソ共同宣言

(4)高度経済成長

(5)冷戦 (冷たい戦争)

解説

❶ (1)三国同盟はドイツ，イタリア，オーストリア。三国協商は，イギリス，フランス，ロシア。

(2)紛争の絶えない地域だった。

(3)日露戦争の前に，イギリスと結んでいた。

(4)① ロシア革命は社会主義国家をめざしたもので，資本主義諸国はその影響が自国におよぶのを恐れた。

くわしく！

| ロシア革命 …………… | チャート式シリーズ参考書 ≫p.192 |
| 日本の参戦 …………… | チャート式シリーズ参考書 ≫p.193 |

(5)① 本部はスイスのジュネーブに置かれた。

❷ (3)ソ連はスターリンによる独裁政治のもとで五か年計画が実施され，農業の集団化などが行われていたため，世界恐慌の影響を受けなかった。

❸ (1)満州事変は1931年，五・一五事件は1932年5月15日，日本の国際連盟脱退は1933年，二・二六事件は1936年2月26日。二・二六事件以降，軍部の発言力がいっそう強くなった。

(2)北京郊外の盧溝橋での日中両国軍の武力衝突から，日中戦争へと発展した。

(3)これに対し，ポーランドを支援していたイギリス・フランスがドイツに宣戦布告し，第二次世界大戦が始まった。

(6)1943年9月，イタリアが無条件降伏。1945年3月，アメリカ軍が沖縄に上陸。1945年5月にドイツが無条件降伏。1945年8月6日広島，8月9日長崎へ原爆投下。8月14日の御前会議でポツダム宣言の受諾を決定し，15日に玉音放送で国民に伝えられた。

❹ (1)① GHQは経済の民主化のため，財閥解体を行った。政商の中でも会社のグループ化などで大きな経済力をもったものが財閥となった。

　②農地改革では，国が地主のもつ小作地を買い上げ，小作人に安く売り渡した。

　③教育基本法には，個人の尊重をめざす民主主義の教育の基本が示された。

　④1946年には，満20歳以上の男女による完全な普通選挙が行われた。

(2)日本国憲法では，天皇は象徴であるとされた。

(3)②日米安全保障条約は，日本が戦争に巻き込まれる可能性があるとして，国民による反対運動がおこった。これを安保闘争という。

　③これにより国際連合へ加盟することができ，国際社会への本格復帰を果たした。

(4)高度経済成長により，生活水準は向上したが，都市への人口集中による農村の過疎化や，公害問題などが発生した。

(5)1989年12月，地中海のマルタ島での米ソ首脳会談で冷戦の終結が宣言された。

❶ A 「魏志」倭人伝

　B 「漢書」地理志

　C 「後漢書」東夷伝

　順　B → C → A

❷ (1)班田収授法 (班田収授)

　(2)租 エ　　調 ウ　　庸 イ

　(3)口分田

　(4)墾田永年私財法

❸ (1)A 執権　　B 管領

　(2)後鳥羽上皇

　(3)イ, エ

❹ (1)a イ, オ, キ

　　b ウ, エ

　　c ア, カ

　(2)① D　② B

　(3)エ

❺ ① カ　② オ　③ ア

❻ (1)イ

　(2)ニューディール政策

　(3)ウ → オ → ア

　(4)満20歳以上の男女

　(5)持たず, つくらず, 持ちこませず

解説

❶ A 邪馬台国と卑弥呼について書かれているのは,「魏志」倭人伝である。紀元3世紀 (239年) に卑弥呼が魏に使いを送ったことなどが書かれている。

　B 「倭人」による「100余国」があったという記述は,「漢書」地理志で, 紀元前1世紀ごろの日本のことが書かれている。

　C 「光武帝」が登場するこの歴史書は,「後漢書」東夷伝である。紀元1世紀 (57年) に倭の奴国が使いを送ったことが書かれている。福岡県志賀島で発見された「漢委 (倭) 奴国王」と刻まれた金印は, このときに授けられたものだと考えられている。

❷ (2)調は地方の特産物を納める税だが, 庸とともに各地方から都に運んで納める必要があった。

　(4)この法により, 貴族や寺社は私有地 (荘園) を広げることができるようになった。

❸ (1) Aは鎌倉幕府, Bは室町幕府の政治のしくみを示した図である。

　(2)1221年に後鳥羽上皇が西国の武士たちによびかけておこした反乱を承久の乱という。

(3)イは鎌倉時代に編さんされた勅撰和歌集 (天皇の命令で編さんされた歌集), エは浄土真宗 (一向宗) をおこした鎌倉時代の僧である。

❹ (1)a 享保の改革は, 8代将軍徳川吉宗による改革。キの上げ米の制は, 各大名が石高の100分の1を納めるかわりに参勤交代の江戸滞在を半年に短縮する制度。

　　b 寛政の改革は, 老中松平定信による改革。ウは「寛政異学の禁」のことで, 幕府の学問所において朱子学以外の講義を禁じた命令。エは旗本, 御家人の借金を帳消しにする命令。松平定信は, 徳川吉宗の孫であった。

　　c 天保の改革は, 老中水野忠邦による改革。アの上知令は, 江戸・大阪周辺の大名, 旗本領を幕領 (天領) にする命令だったが, 大名, 旗本の反対で実施されなかった。

❺ ① 地租改正は1873年, 廃藩置県は1871年, 版籍奉還は1869年である。

　② 内閣制度制定は1885年, 大日本帝国憲法発布は1889年, 国会期成同盟の結成は1880年である。

　③ 西南戦争は1877年, 日清戦争は1894年, 日英同盟締結は1902年である。

❻ (1)1921〜22年のワシントン会議においては, 海軍軍縮条約のほか, 太平洋地域の安全と現状維持を取り決めた四か国条約 (アメリカ, イギリス, フランス, 日本), 中国の独立尊重と領土の保全などを定めた九か国条約が結ばれた。

　(3)イの国際連盟脱退は1933年である。エの二・二六事件は, 日中戦争前年の1936年である。

　(5)非核三原則は, 沖縄返還以前から国会などで議論され, 沖縄復帰の際に日本の方針として確認された。